AF284703

Bibliografische Information der Deutschen Nationalbibliothek:

Die Deutsche Nationalbibliothek verzeichnet diese Publikation in der Deutschen Nationalbibliografie; detaillierte bibliografische Daten sind im Internet über https://dnb.dnb.de abrufbar.

Illustration: **Lothar Herbst**
Übersetzung: **keine**
weitere Mitwirkende: **keine/r**

Herstellung und Verlag: BoD – Books on Demand, Norderstedt

ISBN-Nummer: 9783757861018

Kommunalpolitik im Fokus

„Gestalten, Verändern, Mitwirken"

Auflage 2023

VORWORT

Herzlich willkommen zu meinem Buch "Kommunalpolitik im Fokus: „Gestalten, Verändern, Mitwirken". Es ist mir eine große Freude, Sie auf dieser Reise durch die facettenreiche Welt der Kommunalpolitik begleiten zu dürfen.

Die Kommune, das Fundament unseres gesellschaftlichen Lebens, ist der Ort, an dem das Miteinander, das Engagement und die Visionen der Menschen zusammenkommen. Hier werden Entscheidungen getroffen, die unmittelbar unseren Alltag, unsere Nachbarschaften und unsere Lebensqualität beeinflussen. Kommunalpolitik ist nah, greifbar und von großer Bedeutung für jeden Einzelnen von uns.

Dieses Buch widmet sich der faszinierenden Welt der Kommunalpolitik und ihrer vielfältigen Facetten. Es soll Sie nicht nur über die Abläufe und Strukturen informieren, sondern vor allem auch inspirieren. Denn Kommunalpolitik ist keine Sache der Politiker allein - sie lebt von der Beteiligung, der Mitwirkung und den Ideen der Bürgerinnen und Bürger. Ich möchte Sie ermutigen, Ihre Stimme zu erheben und sich aktiv in die Gestaltung Ihrer Heimat einzubringen.

In den folgenden Kapiteln werden Sie mit den Herausforderungen und Chancen der Kommunalpolitik vertraut gemacht. Sie erfahren, wie Kommunalpolitikerinnen und -politiker ihren Aufgaben nachgehen, wie Entscheidungsprozesse ablaufen und wie demokratische Mitbestimmung auf lokaler Ebene gelebt wird.

Gleichzeitig beleuchte ich Ihnen auch die Herausforderungen, die mitunter in einem politischen Umfeld auftreten können, sowie die Lösungsansätze, die zum Wohle der Gemeinschaft erarbeitet werden.

Ich möchten Ihnen zeigen, dass Kommunalpolitik nicht nur aus bürokratischen Prozessen besteht, sondern ein lebendiges Geschehen ist, in dem Begeisterung, Einsatz und Zusammenhalt eine entscheidende Rolle spielen.

Vielleicht wird aus dem Lesen dieses Buches der Impuls, sich selbst politisch zu engagieren, sei es als aktive Kommunalpolitikerin oder -politiker, als engagierte Bürgerin oder Bürger, oder auch als Unterstützerin oder Unterstützer von Projekten und Ideen, die unsere Städte und Gemeinden voranbringen.

Ich möchten allen Quellen meinen Dank aussprechen, die an der Entstehung meines Buches mitgewirkt haben. Möge dieses Buch Ihnen neue Perspektiven eröffnen und Sie dazu inspirieren, sich aktiv einzubringen und die Zukunft Ihrer Kommune mitzugestalten.

Denn gemeinsam können wir viel bewirken und die Kraft des Lokalen nutzen, um Veränderungen zu gestalten, die unser Zusammenleben bereichern.

Inhaltsverzeichnis

Inhaltsverzeichnis

Inhaltsverzeichnis

Inhaltsverzeichnis

Inhaltsverzeichnis

Einführung in die Kommunalpolitik

Definition und Bedeutung von Kommunalpolitik

Kommunalpolitik bezeichnet die politischen Aktivitäten, Entscheidungsprozesse und Maßnahmen, die auf der Ebene der Kommunen, also der Städte, Gemeinden und Landkreise, stattfinden. Sie umfasst alle Angelegenheiten, die das Leben der Bürgerinnen und Bürger vor Ort betreffen, wie zum Beispiel die Stadtentwicklung, Bildung, Soziales, Umweltschutz, Infrastruktur, Kultur, Wirtschaftsförderung und vieles mehr.

Die Bedeutung der Kommunalpolitik liegt in ihrer unmittelbaren Nähe zum Bürger und ihrer Auswirkung auf das alltägliche Leben der Menschen. Kommunen sind die Basis des politischen Systems und bilden die Grundlage für eine funktionierende Demokratie. Hier haben Bürgerinnen und Bürger die Möglichkeit, direkt an politischen Entscheidungen mitzuwirken und ihre Anliegen und Interessen einzubringen.

Kommunalpolitik ermöglicht es den Menschen, die Entwicklung ihrer Heimat aktiv mitzugestalten und mit politischen Entscheidungsträgern in direkten Kontakt zu treten. Dadurch fördert sie die demokratische Teilhabe und stärkt das Vertrauen in die politischen Institutionen. Kommunalpolitik ist oft auch ein Sprungbrett für politisches Engagement auf höheren Ebenen, da viele Politikerinnen und Politiker ihren Weg über die kommunale Ebene in die Landes- oder Bundespolitik finden.

Zudem sind Kommunen entscheidende Akteure bei der Umsetzung von politischen Zielen und Gesetzen auf regionaler Ebene. Sie tragen Verantwortung für die Gestaltung der Infrastruktur, die soziale Absicherung, den Umweltschutz und die Förderung von Wirtschaft und Kultur vor Ort. Damit nehmen sie eine Schlüsselrolle in der Umsetzung von politischen Programmen und der Bewältigung von gesellschaftlichen Herausforderungen ein.

Insgesamt ist die Kommunalpolitik von großer Bedeutung für das Zusammenleben und die Lebensqualität der Menschen vor Ort. Sie prägt das Gesicht der Städte und Gemeinden, fördert die Identifikation mit dem Lebensumfeld und stellt sicher, dass lokale Bedürfnisse und Anliegen angemessen berücksichtigt werden. Die demokratische Teilhabe auf kommunaler Ebene ist ein wesentlicher Bestandteil einer lebendigen und aktiven Zivilgesellschaft.

Die Rolle der kommunalen Regierungseinheiten

Die kommunalen Regierungseinheiten spielen eine zentrale Rolle in der Kommunalpolitik und sind maßgeblich für die Verwaltung und Organisation der Städte, Gemeinden und Landkreise verantwortlich. Ihre Rolle ist vielfältig und umfasst verschiedene Aufgaben und Zuständigkeiten:

Verwaltung und Umsetzung von Beschlüssen: Die kommunalen Regierungseinheiten, wie zum Beispiel Bürgermeister, Stadt- oder Gemeinderäte, sind dafür verantwortlich, die politischen Beschlüsse und Vorgaben umzusetzen. Sie setzen die politischen Ziele in konkrete Maßnahmen und Projekte um und stellen sicher, dass die kommunalen Dienstleistungen effektiv und bürgernah erbracht werden.

Kommunale Selbstverwaltung: Die kommunalen Regierungseinheiten sind Teil der kommunalen Selbstverwaltung. Sie verfügen über eigene Zuständigkeiten und Kompetenzen, um die lokalen Angelegenheiten eigenständig zu regeln und zu entscheiden. Dabei sind sie jedoch auch an übergeordnete Gesetze und Vorgaben gebunden.

Vertretung der Kommune nach außen: Die kommunalen Regierungseinheiten vertreten die Interessen ihrer Kommune nach außen und sind Ansprechpartner für übergeordnete Behörden, andere Kommunen, Wirtschaftsunternehmen, Verbände und die Zivilgesellschaft. Sie nehmen an Konferenzen, Verhandlungen und Gremiensitzungen teil, um die Belange ihrer Kommune zu vertreten.

Koordination und Zusammenarbeit: Die kommunalen Regierungseinheiten koordinieren die Zusammenarbeit der verschiedenen Ämter und Dienststellen innerhalb der Kommune. Sie sorgen dafür, dass die Arbeit der Verwaltung reibungslos läuft und die verschiedenen Bereiche effektiv zusammenarbeiten.

Haushaltsführung: Die kommunalen Regierungseinheiten sind für die Aufstellung und Umsetzung des kommunalen Haushalts verantwortlich. Sie sorgen dafür, dass die finanziellen Mittel der Kommune sinnvoll und nachhaltig eingesetzt werden und die Finanzlage transparent und verantwortungsvoll gehandhabt wird.

Krisenmanagement: In Zeiten von Krisen und besonderen Herausforderungen, wie Naturkatastrophen oder Pandemien, übernehmen die kommunalen Regierungseinheiten eine wichtige Rolle im Krisenmanagement. Sie treffen schnelle und angemessene Maßnahmen, um die Sicherheit und das Wohlergehen der Bürgerinnen und Bürger zu gewährleisten.

Insgesamt sind die kommunalen Regierungseinheiten ein wesentlicher Bestandteil der kommunalen Verwaltung und Politik. Sie tragen dazu bei, die Lebensqualität vor Ort zu verbessern, die Interessen der Bürgerinnen und Bürger zu vertreten und die Herausforderungen und Chancen auf kommunaler Ebene zu bewältigen. Ihre Rolle als Vermittler zwischen Politik, Verwaltung und Bürgerschaft ist entscheidend für eine erfolgreiche und nachhaltige Kommunalpolitik.

Lokale Regierungssysteme

Unterschiede zwischen Kommunen, Gemeinden, Landkreisen

Kommunen, Gemeinden und Landkreise sind verschiedene Verwaltungseinheiten in Deutschland, die jeweils unterschiedliche Aufgaben und Zuständigkeiten haben. Hier sind die wesentlichen Unterschiede zwischen ihnen:

Kommunen:

Kommunen sind die unterste Stufe der staatlichen Verwaltung und bilden die Basis des politischen Systems in Deutschland. Der Begriff "Kommune" umfasst sowohl Gemeinden als auch Landkreise. Kommunen sind eigenständige Gebietskörperschaften mit eigener Rechtspersönlichkeit und haben das Recht zur kommunalen Selbstverwaltung. Sie sind für die Verwaltung und Organisation ihres Gebietes zuständig und erfüllen eine Vielzahl von Aufgaben in den Bereichen Infrastruktur, Bildung, Soziales, Umweltschutz, Kultur, Wirtschaftsförderung und vielem mehr.

Gemeinden:

Gemeinden sind eine Art von Kommunen und bezeichnen eine territorial abgegrenzte Gebietseinheit, die meist aus einer oder mehreren Ortschaften besteht. Gemeinden haben eine eigene Verwaltung und politische Organe, wie zum Beispiel den Gemeinderat und den Bürgermeister. Sie sind für die Verwaltung von Städten, Dörfern und Kleinstädten zuständig und haben eine breite Palette von Aufgaben, die das lokale Leben betreffen.

Landkreise:

Landkreise sind ebenfalls eine Art von Kommunen und bezeichnen größere Verwaltungseinheiten, die aus mehreren Gemeinden und Städten bestehen. Landkreise haben eine eigene Verwaltung und politische Organe, wie den Kreistag und den Landrat. Sie sind für übergeordnete Aufgaben zuständig, wie zum Beispiel die Organisation des öffentlichen Personennahverkehrs, die Abfallentsorgung, das Gesundheitswesen, die Katastrophenschutzplanung und die Straßenbauverwaltung.

Ein weiterer Unterschied zwischen Kommunen, Gemeinden und Landkreisen liegt in ihrer Größe und Einwohnerzahl. Gemeinden sind in der Regel kleinere

Gebietseinheiten, die eine begrenzte Anzahl von Einwohnern haben, während Landkreise größere Regionen mit mehreren Gemeinden und einer höheren Einwohnerzahl umfassen.

Insgesamt sind Kommunen, Gemeinden und Landkreise wichtige Akteure in der kommunalen Politik und tragen dazu bei, das Leben der Bürgerinnen und Bürger vor Ort zu gestalten und zu verbessern. Sie haben jeweils spezifische Aufgaben und Zuständigkeiten, die auf die Bedürfnisse und Besonderheiten ihrer Gebietskörperschaften zugeschnitten sind.

Struktur und Funktionen kommunaler Verwaltungen

Die Struktur und Funktionen kommunaler Verwaltungen sind darauf ausgerichtet, die vielfältigen Aufgaben und Zuständigkeiten der Kommunen effektiv und bürgernah zu erfüllen. Hier sind die wesentlichen Aspekte der Struktur und Funktionen kommunaler Verwaltungen:

Struktur:

Spitze der Verwaltung: An der Spitze der kommunalen Verwaltung steht der Bürgermeister oder die Bürgermeisterin, der/die als Repräsentant/in der Kommune fungiert und die politischen Entscheidungen der Gremien umsetzt. Der Bürgermeister/die Bürgermeisterin leitet die Verwaltung und ist zugleich Mitglied des Gemeinderats oder des Kreistags.

Verwaltungsaufbau: Die kommunale Verwaltung ist in verschiedene Ämter und Abteilungen gegliedert, die für unterschiedliche Fachbereiche zuständig sind. Typische Ämter in einer Stadtverwaltung können beispielsweise das Bauamt, das Sozialamt, das Jugendamt, das Finanzamt, das Kulturamt und das Ordnungsamt sein.

Zuständigkeiten und Kompetenzen: Die kommunale Verwaltung ist für die Umsetzung der politischen Beschlüsse zuständig und verfügt über eigene Kompetenzen und Handlungsspielräume. Dabei ist sie an übergeordnete Gesetze und Vorgaben gebunden, die von Landes- und Bundesregierungen erlassen werden.

Funktionen:

Dienstleister für die Bürgerinnen und Bürger: Eine der zentralen Funktionen der kommunalen Verwaltung ist es, Dienstleistungen für die Bürgerinnen und Bürger zu erbringen. Dazu gehören beispielsweise die Ausstellung von Personalausweisen und Führerscheinen, die Bearbeitung von Bauanträgen, die Organisation von Kinderbetreuungseinrichtungen und vieles mehr.

Umsetzung politischer Beschlüsse: Die kommunale Verwaltung setzt die politischen Beschlüsse der gewählten Gremien, wie des Gemeinderats oder des Kreistags, in die Praxis um. Sie entwickelt konkrete Maßnahmen und Projekte, um die politischen Ziele zu erreichen und die Lebensqualität vor Ort zu verbessern.

Bürgerbeteiligung und Öffentlichkeitsarbeit: Die kommunale Verwaltung fördert die Bürgerbeteiligung und informiert die Bevölkerung über politische Entscheidungen und Vorhaben. Sie organisiert Bürgerbeteiligungsverfahren, wie Bürgerforen oder Bürgerwerkstätten, und kommuniziert transparent und verständlich mit den Bürgerinnen und Bürgern.

Koordination und Zusammenarbeit: Die kommunale Verwaltung koordiniert die Zusammenarbeit der verschiedenen Ämter und Dienststellen innerhalb der Kommune. Sie sorgt dafür, dass die Arbeit der Verwaltung effizient und effektiv erfolgt und die Ressourcen sinnvoll genutzt werden.

Krisenmanagement: Die kommunale Verwaltung übernimmt eine wichtige Rolle im Krisenmanagement und organisiert Maßnahmen bei besonderen Herausforderungen, wie Naturkatastrophen oder Pandemien. Sie koordiniert den Einsatz von Rettungsdiensten, Feuerwehr und anderen Hilfsorganisationen, um die Sicherheit und das Wohlergehen der Bürgerinnen und Bürger zu gewährleisten.

Insgesamt erfüllen die kommunalen Verwaltungen eine Vielzahl von Aufgaben und tragen dazu bei, das öffentliche Leben vor Ort zu gestalten und die Bedürfnisse der Bürgerinnen und Bürger zu erfüllen. Sie sind eine wichtige Schnittstelle zwischen Politik, Verwaltung und der Bevölkerung und spielen eine zentrale Rolle für eine effektive und bürgernahe Kommunalpolitik.

Kommunalwahlen und politische Partizipation

Wer kann sich eigentlich zur Wahl stellen?

Bei einer Kommunalwahl können sich in der Regel Bürgerinnen und Bürger zur Wahl stellen, die bestimmte Voraussetzungen erfüllen. Die genauen Wahlvoraussetzungen können je nach Land und Kommunalordnung variieren, aber im Allgemeinen gelten folgende Bedingungen:

Staatsbürgerschaft: In den meisten Ländern müssen die Kandidaten die Staatsbürgerschaft des Landes besitzen, in dem sie sich zur Wahl stellen wollen.

Alter: Kandidaten müssen meist ein Mindestalter erreicht haben. Dieses Mindestalter kann je nach Land und Funktion, für die sie kandidieren, unterschiedlich sein. Für die meisten Kommunalwahlen liegt es oft bei 18 Jahren, kann jedoch in manchen Ländern auch höher sein.

Wahlberechtigung: Kandidaten müssen in der Regel wahlberechtigt sein, das heißt, sie müssen das aktive Wahlrecht für die jeweilige Kommunalwahl besitzen.

Wohnsitz: Die meisten Länder verlangen, dass die Kandidaten ihren Wohnsitz in der betreffenden Kommune haben, in der sie sich zur Wahl stellen möchten. Es kann auch vorkommen, dass ein Kandidat eine bestimmte Zeit vor der Wahl in der Kommune ansässig sein muss.

Parteimitgliedschaft (optional): In einigen Ländern ist eine Parteimitgliedschaft Voraussetzung, um sich als Kandidat einer politischen Partei aufstellen zu lassen. Allerdings können unabhängige Kandidaten auch ohne Parteizugehörigkeit antreten.

Es ist wichtig zu betonen, dass die genauen Bedingungen von Land zu Land unterschiedlich sein können, da die Kommunalwahlen in der Regel in der Zuständigkeit der einzelnen Länder oder Bundesländer liegen. Daher empfiehlt es sich, die spezifischen gesetzlichen Bestimmungen und Wahlvorschriften des entsprechenden Landes oder der entsprechenden Region zu überprüfen, um genauere Informationen zu erhalten.

Wer ist als Wähler oder als Kandidat ausgeschlossen?

Die Regelungen bezüglich der Ausschlüsse von Wählern und Kandidaten bei Kommunalwahlen können von Land zu Land und von Gemeinde zu Gemeinde unterschiedlich sein. Es gibt jedoch einige allgemeine Grundsätze, die in vielen Ländern gelten könnten. Es ist wichtig zu beachten, dass die folgenden Informationen nur allgemeine Richtlinien darstellen und keine rechtliche Beratung darstellen.

Ausschlüsse von Wählern:

Alter: In den meisten Ländern müssen Wähler das gesetzlich festgelegte Mindestalter erreicht haben, um an Kommunalwahlen teilnehmen zu können. In vielen Ländern liegt dieses Mindestalter bei 18 Jahren.

Staatsbürgerschaft: In der Regel müssen Wähler die Staatsbürgerschaft des Landes oder der Gemeinde haben, in der die Kommunalwahl stattfindet.

Wohnsitz: Wähler müssen normalerweise in der betreffenden Gemeinde gemeldet und wohnhaft sein, um an den Kommunalwahlen teilnehmen zu können.

Entmündigung: Menschen, die unter Vormundschaft oder Entmündigung stehen, können in einigen Ländern von den Wahlen ausgeschlossen sein.

Strafvollzug: In einigen Ländern können Menschen, die eine schwere Straftat begangen haben und sich im Strafvollzug befinden, von den Wahlen ausgeschlossen sein.

Ausschlüsse von Kandidaten:

Alter: Ähnlich wie bei den Wählern müssen auch Kandidaten in vielen Ländern das gesetzlich festgelegte Mindestalter erreicht haben, um an Kommunalwahlen teilnehmen zu können.

Staatsbürgerschaft: Kandidaten müssen normalerweise die Staatsbürgerschaft des Landes oder der Gemeinde haben, in der die Kommunalwahl stattfindet.

Wohnsitz: In einigen Ländern müssen Kandidaten in der betreffenden Gemeinde gemeldet und wohnhaft sein, um sich als Kandidat aufstellen zu können.
Parteimitgliedschaft: In manchen Ländern müssen Kandidaten Mitglieder einer politischen Partei sein, um als offizielle Kandidaten dieser Partei bei der Wahl zu kandidieren.

Vorstrafen: In einigen Ländern können Personen mit bestimmten Vorstrafen von einer Kandidatur ausgeschlossen sein.

Es ist wichtig, die spezifischen Wahlgesetze und -vorschriften in Ihrem Land oder Ihrer Gemeinde zu überprüfen, da die Ausschlusskriterien je nach Rechtsordnung variieren können. Im Allgemeinen sind die Ausschlüsse darauf ausgerichtet, die Integrität und Legitimität der Wahl zu gewährleisten und sicherzustellen, dass die Kandidaten und Wähler die notwendigen Anforderungen erfüllen, um in der Kommunalpolitik aktiv zu sein.

Ablauf von Kommunalwahlen

Der Ablauf von Kommunalwahlen kann je nach Land und Kommunalordnung variieren, aber im Allgemeinen folgen sie einem ähnlichen Prozess. Hier ist ein allgemeiner Überblick über den typischen Ablauf einer Kommunalwahl:

Wahlankündigung: Die Kommunalwahlen werden in der Regel von den zuständigen Behörden oder der Wahlkommission öffentlich angekündigt. Der Termin der

Wahl und alle relevanten Informationen werden bekanntgegeben.

Kandidatenaufstellung: Parteien und unabhängige Kandidaten stellen ihre Kandidaten auf, die sich zur Wahl stellen möchten. Die Kandidaten müssen die erforderlichen Voraussetzungen erfüllen, wie Staatsbürgerschaft, Mindestalter, Wahlberechtigung und Wohnsitz.

Wahlkampf: Vor der Wahl führen die Kandidaten und Parteien oft Wahlkampagnen durch, um ihre politischen Ziele und Programme zu präsentieren und die Wählerinnen und Wähler von ihrer Kandidatur zu überzeugen.

Wahltag: Am festgelegten Wahltag gehen die wahlberechtigten Bürgerinnen und Bürger in die Wahllokale, um ihre Stimmen abzugeben. Die Wahllokale sind in der Regel in verschiedenen Gebieten der Kommune eingerichtet.

Stimmabgabe: Die Wählerinnen und Wähler geben ihre Stimmen ab, indem sie die Namen der Kandidaten oder Parteien auf dem Stimmzettel ankreuzen oder anderweitig markieren.

Auszählung der Stimmen: Nach Schließung der Wahllokale werden die abgegebenen Stimmen gezählt und das Wahlergebnis ermittelt. Je nach Land kann die Auszählung auf unterschiedliche Weise erfolgen, z.B. manuell oder durch elektronische Auszählung.

Sitzverteilung: Die Sitze in den kommunalen Gremien, wie dem Stadtrat oder der Gemeindevertretung, werden entsprechend dem Wahlergebnis verteilt. Dies kann nach dem Verhältniswahlrecht oder nach anderen Wahlsystemen geschehen.

Konstituierende Sitzung: Nach der Wahl und der Sitzverteilung findet die konstituierende Sitzung des neu gewählten kommunalen Gremiums statt. In dieser Sitzung wird beispielsweise der Bürgermeister oder die Bürgermeisterin gewählt und weitere wichtige Entscheidungen getroffen.

Es ist wichtig zu beachten, dass dieser Ablauf nur einen allgemeinen Überblick darstellt und dass es je nach Land und Region spezifische Regeln und Verfahren geben kann. Kommunalwahlen sind ein wesentlicher Bestandteil der demokratischen Mitbestimmung auf lokaler Ebene und bieten den Bürgerinnen und Bürgern die Möglichkeit, ihre Stimme in der Kommunalpolitik einzubringen und die Zukunft ihrer Gemeinde mitzugestalten.

Sachkundige Bürger in Ausschüsse

Sachkundige Bürgerinnen und Bürger (auch Fachleute oder Experten genannt) spielen in vielen Kommunen eine wichtige Rolle in den Ausschüssen. Hier sind einige wichtige Punkte zum Verständnis der Funktion und Bedeutung sachkundiger Bürger in Ausschüssen:

Expertise und Beratung: Sachkundige Bürger sind Personen, die aufgrund ihrer fachlichen Expertise, ihres Wissens oder ihrer Erfahrung in bestimmten Bereichen in die Ausschüsse berufen werden. Sie dienen als Berater und bringen ihre Fachkenntnisse in die Beratungen und Entscheidungsprozesse ein.

Ergänzung der politischen Gremien: In vielen Ausschüssen sitzen neben gewählten Vertretern (z. B. Stadträten oder Gemeindevertretern) auch sachkundige Bürger. Diese Ergänzung ermöglicht eine breitere Perspektive und bringt zusätzliche Fachkenntnisse in die Ausschussarbeit ein.

Vielfältige Themenbereiche: Sachkundige Bürger können in verschiedenen Ausschüssen eingesetzt werden, die sich mit verschiedenen Themenbereichen befassen, wie zum Beispiel Bildung, Umwelt, Stadtplanung, Soziales oder Finanzen. Dadurch wird eine fundierte und spezialisierte Diskussion zu den jeweiligen Themen ermöglicht.

Berufung und Auswahl: Die Berufung von sachkundigen Bürgern kann auf unterschiedliche Weise erfolgen. Oft werden sie von politischen Fraktionen oder Gruppierungen vorgeschlagen und dann vom jeweiligen Gremium oder Rat bestätigt. Die Auswahl erfolgt in der Regel aufgrund der fachlichen Qualifikation und Expertise der betreffenden Person.

Stimmrecht: In manchen Kommunen haben sachkundige Bürgerinnen und Bürger in den Ausschüssen ein Stimmrecht, während sie in anderen lediglich beratenden Funktionen haben und keine eigene Entscheidungsbefugnis besitzen.

Ehrenamtliches Engagement: Die Tätigkeit als sachkundige Bürgerin oder Bürger ist in den meisten Fällen ehrenamtlich und erfolgt neben der beruflichen oder sonstigen Tätigkeit.

Die Einbindung sachkundiger Bürger in Ausschüsse trägt dazu bei, die Qualität der Entscheidungen zu verbessern und den politischen Prozess zu bereichern, indem fachliche Expertise und unterschiedliche Perspektiven einfließen. Es ermöglicht eine enge Zusammenarbeit zwischen gewählten Vertretern und Bürgern.

Nach welchen Kriterien werden in der Kommunalpolitik Ausschussvorsitze vergeben

Die Vergabe von Ausschussvorsitzen in der Kommunalpolitik kann je nach Land, Bundesland und Kommune unterschiedlich gehandhabt werden. Es gibt jedoch einige allgemeine Kriterien und Verfahren, die häufig bei der Besetzung von Ausschussvorsitzen berücksichtigt werden:

Fraktionsstärke: Die Vergabe der Ausschussvorsitze richtet sich oft nach der Stärke der politischen Fraktionen im Rat. Größere Fraktionen haben normalerweise mehr Einfluss auf die Besetzung der Vorsitze.

Proporz: In manchen Kommunen wird ein Proporzsystem angewendet, bei dem die Ausschussvorsitze entsprechend dem prozentualen Wahlergebnis der Fraktionen vergeben werden.

Expertise und Erfahrung: Die Fachkompetenz und Erfahrung eines Ratsmitglieds in einem bestimmten Politikbereich kann bei der Vergabe des Ausschussvorsitzes eine Rolle spielen. Ein Mitglied mit besonderer Expertise könnte den Vorsitz in einem entsprechenden Fach-Ausschuss erhalten.

Rotationsprinzip: In einigen Kommunen gibt es ein Rotationsprinzip, bei dem die Vorsitze regelmäßig zwischen den Fraktionen wechseln, um eine ausgewogene Beteiligung zu gewährleisten.

Verhandlungen und Absprachen: Oft werden die Ausschussvorsitze durch Verhandlungen und Absprachen zwischen den politischen Fraktionen und Parteien festgelegt, insbesondere wenn es eine Koalitionsregierung gibt.

Geschäftsordnung des Rates: Die Regeln und Verfahren zur Besetzung der Ausschussvorsitze werden häufig in der Geschäftsordnung des Rates festgelegt.

Abstimmung im Rat: In einigen Fällen können die Vorsitze durch eine Abstimmung im Rat entschieden werden, bei der die Ratsmitglieder über die Besetzung der Ausschussvorsitze abstimmen.

Es ist wichtig zu beachten, dass die Vergabe der Ausschussvorsitze ein politischer Prozess ist und von den politischen Gegebenheiten vor Ort sowie den geltenden Regeln und Vorschriften abhängt. Der Zweck der

Vorsitzvergabe besteht in der Regel darin, eine ausgewogene Vertretung der politischen Kräfte im Rat sicherzustellen und die effektive Arbeit der Ausschüsse zu gewährleisten.

Was ist eine Fraktion?

In der Kommunalpolitik ist eine Fraktion eine Gruppe von Ratsmitgliedern, die sich aufgrund gemeinsamer politischer Ziele und Überzeugungen zusammenschließen. Fraktionen spielen eine wichtige Rolle in den kommunalen Vertretungsorganen wie dem Stadtrat, Gemeinderat oder Kreistag. Hier sind einige wichtige Punkte, die eine Fraktion in der Kommunalpolitik charakterisieren:

Gemeinsame Ziele: Die Mitglieder einer Fraktion haben ähnliche politische Ansichten und teilen gemeinsame Ziele für ihre Stadt, Gemeinde oder ihren Landkreis. Sie arbeiten zusammen, um diese Ziele zu erreichen und die Interessen der von ihnen vertretenen Bevölkerung zu fördern.

Zusammenarbeit und Organisation: Fraktionen organisieren sich in der Regel mit einer Führungsstruktur, die einen Fraktionsvorsitzenden und/oder stellvertretenden Vorsitzenden umfasst. Diese Führungsebene koordiniert die Aktivitäten der Fraktion und sorgt für eine gezielte Zusammenarbeit der Mitglieder.

Fraktionsdisziplin: Fraktionen in der Kommunalpolitik versuchen in der Regel, eine gewisse Geschlossenheit in wichtigen Abstimmungen und politischen Fragen zu bewahren. Dies bedeutet, dass die Mitglieder der Fraktion in der Regel geschlossen abstimmen, um die Durchsetzung ihrer gemeinsamen Ziele zu unterstützen.

Ausschüsse und Arbeitsgruppen: In den kommunalen Vertretungsorganen bilden Fraktionen oft ihre eigenen Ausschüsse oder Arbeitsgruppen, um spezifische Themen und Aufgaben zu bearbeiten und ihre politischen Ziele in bestimmten Bereichen zu verfolgen.

Rolle in der Kommunalpolitik: Fraktionen sind ein wesentlicher Bestandteil der kommunalpolitischen Arbeit. Sie gestalten und beeinflussen politische Entscheidungen, bringen Anträge ein, diskutieren über Haushaltspläne, Stadtentwicklung, soziale Angelegenheiten und vieles mehr.

Öffentlichkeitsarbeit: Fraktionen nutzen oft verschiedene Kommunikationsmittel, um die Öffentlichkeit über ihre Arbeit und Positionen zu informieren. Dies kann durch Pressemitteilungen, soziale Medien oder öffentliche Veranstaltungen erfolgen.

Die Bildung von Fraktionen ermöglicht es den Ratsmitgliedern, ihre politische Arbeit zu bündeln, gemeinsam politische Strategien zu entwickeln und ihre politischen Anliegen in der kommunalen Politik besser zu vertreten. Fraktionen können je nach Größe des kommunalen Vertretungsorgans und den Mehrheitsverhältnissen einen erheblichen Einfluss auf politische Entscheidungen haben und tragen somit maßgeblich zur Gestaltung des Lebens in der Kommune bei.

Mindestmitglieder: Die Regelungen für die Bildung einer Fraktion in der Kommunalpolitik können je nach Land, Bundesland oder Kommune variieren. Es gibt keine einheitliche Regelung, und die Anforderungen können in den jeweiligen kommunalen Gesetzen oder Satzungen festgelegt sein.

In vielen Ländern oder Bundesländern wird eine Mindestanzahl von Ratsmitgliedern festgelegt, die erforderlich ist, um eine Fraktion zu bilden. Diese Anzahl kann beispielsweise bei drei oder fünf Ratsmitgliedern liegen. Wenn genügend Ratsmitglieder einer politischen Partei oder einer Gruppe gemeinsam eine Fraktion bilden, können sie sich als eigenständige Fraktion im Rat konstituieren.

Es ist wichtig zu beachten, dass die Bildung einer Fraktion auch mit bestimmten Vorteilen verbunden sein kann, wie zum Beispiel mehr Redezeit in Ratssitzungen, mehr Einfluss auf die Tagesordnung oder die Möglichkeit, eigene Anträge einzubringen. Daher kann die Bildung einer Fraktion für politische Gruppierungen von Interesse sein, um ihre Arbeit im kommunalen Gremium effektiver zu gestalten.

Da die Regelungen von Land zu Land und von Kommune zu Kommune unterschiedlich sein können, ist es ratsam, die jeweilige kommunale Gesetzgebung oder Satzung zu konsultieren, um genaue Informationen darüber zu erhalten, welche Voraussetzungen für die Bildung einer Fraktion in der betreffenden Region gelten.

In kommunalen Vertretungen, wie zum Beispiel Gemeinderäten oder Stadträten, kann die Mindestanzahl der Mitglieder einer Fraktion je nach den jeweiligen kommunalen Gesetzen, Verordnungen oder Geschäftsordnungen variieren. In vielen Fällen wird jedoch eine Mindestanzahl von zwei Mitgliedern festgelegt.

Das bedeutet, dass in den meisten Kommunen eine Gruppe von mindestens zwei gewählten Ratsmitgliedern erforderlich ist, um eine eigene Fraktion bilden zu können. Eine Fraktion ist eine formal anerkannte Gruppe von Ratsmitgliedern, die zusammenarbeiten und gemeinsame politische Ziele verfolgen. Fraktionen erhalten in der Regel bestimmte Rechte und Privilegien, wie zum Beispiel Redezeit in den Sitzungen, die Benennung von Vertretern in Ausschüssen oder die Möglichkeit, eigene Anträge und Vorschläge einzubringen.

Wiederum ist es wichtig zu beachten, dass die genaue Mindestanzahl für die Bildung einer Fraktion von Kommune zu Kommune variieren kann. Daher empfiehlt es sich, die jeweiligen kommunalen Gesetze, Verordnungen oder Geschäftsordnungen zu konsultieren, um die spezifischen Anforderungen für die Bildung einer Fraktion in der betreffenden Kommune zu erfahren.

Beteiligung der Bürgerinnen und Bürger an der Politik vor Ort

Die Beteiligung der Bürgerinnen und Bürger an der Politik vor Ort ist ein zentraler und wichtiger Aspekt in der Kommunalpolitik. Kommunen sind die Basis der demokratischen Mitbestimmung und bieten den Bürgern die unmittelbare Möglichkeit, sich aktiv in die Gestaltung ihres Lebensumfeldes einzubringen. Hier sind einige Wege, wie Bürgerinnen und Bürger in der Kommunalpolitik partizipieren können:

Wahlen: Die grundlegendste Form der politischen Beteiligung ist die Teilnahme an Kommunalwahlen. Bürgerinnen und Bürger wählen ihre Vertreter in den Stadtrat, Gemeinderat oder Kreistag, die dann in ihrer Interessenvertretung tätig sind.

Bürgerbegehren und Bürgerentscheid: In vielen Kommunen haben die Bürgerinnen und Bürger das Recht, durch Bürgerbegehren oder Bürgerentscheide direkt über bestimmte politische Fragen abzustimmen. Sie können so politische Entscheidungen beeinflussen und mitgestalten.

Öffentliche Bürgerforen und Dialogveranstaltungen: Kommunen können Bürgerversammlungen, Dialogveranstaltungen und Foren organisieren, um die Meinung der Bürgerinnen und Bürger zu bestimmten Themen einzuholen und in die politische Entscheidungsfindung einzubringen.

Beteiligungsplattformen und Online-Konsultationen: In einigen Kommunen gibt es digitale Beteiligungsplattformen, auf denen Bürgerinnen und Bürger ihre Ideen, Anregungen und Bedenken zu bestimmten Themen online einbringen können.

Bürgerhaushalte: Ein Bürgerhaushalt ermöglicht es den Bürgerinnen und Bürgern, Vorschläge zur Verwendung eines Teils des kommunalen Haushalts einzubringen und über die Verteilung der Mittel abzustimmen.

Engagement in Bürgerinitiativen und Interessensverbänden: Bürgerinnen und Bürger können sich auch außerhalb der offiziellen politischen Strukturen in Bürgerinitiativen oder Interessensverbänden engagieren, um bestimmte Anliegen voranzutreiben und ihre Interessen zu vertreten.

Die Beteiligung der Bürgerinnen und Bürger an der Kommunalpolitik stärkt die Demokratie vor Ort, fördert das Gemeinschaftsgefühl und ermöglicht eine bürgernahe Politikgestaltung. Es ist wichtig, dass Kommunen aktiv Maßnahmen ergreifen, um die Partizipation der Bürgerinnen und Bürger zu fördern und ihre Stimmen in politische Entscheidungsprozesse einzubeziehen. Eine starke Bürgerbeteiligung trägt dazu bei, dass die politischen Entscheidungen den Bedürfnissen und Wünschen der Bevölkerung gerecht werden und die Lebensqualität vor Ort verbessern.

Aufgaben und Zuständigkeiten der Kommunen

Infrastruktur und Stadtentwicklung

Infrastruktur und Stadtentwicklung sind zwei eng miteinander verbundene Aspekte in der Kommunalpolitik, die eine wesentliche Rolle für das Wohl und die Lebensqualität der Bürgerinnen und Bürger in einer Stadt oder Gemeinde spielen.

Infrastruktur:

Die Infrastruktur umfasst alle physischen Einrichtungen und Anlagen, die für das Funktionieren einer Stadt oder Gemeinde notwendig sind. Dazu gehören beispielsweise Straßen, Brücken, öffentliche Verkehrsmittel, Wasserversorgung, Abwassersysteme, Elektrizität, Telekommunikation und andere grundlegende Einrichtungen. Eine gut funktionierende Infrastruktur ist essentiell, um das alltägliche Leben zu erleichtern und wirtschaftliche, soziale und kulturelle Aktivitäten zu ermöglichen.

In der Kommunalpolitik liegt die Verantwortung für die Planung, den Ausbau, die Instandhaltung und die

Finanzierung der kommunalen Infrastruktur bei der Stadt- oder Gemeindeverwaltung sowie dem kommunalen Rat oder Stadtrat. Die Politik muss hierbei Entscheidungen treffen, um die Infrastruktur den Bedürfnissen der Bürgerinnen und Bürger anzupassen und zukunftsfähig zu gestalten.

Stadtentwicklung:

Die Stadtentwicklung beschäftigt sich mit der planmäßigen Gestaltung und Entwicklung einer Stadt oder Gemeinde, um ein lebenswertes, nachhaltiges und funktionsfähiges urbanes Umfeld zu schaffen. Dies beinhaltet die Entwicklung von Wohnvierteln, Gewerbegebieten, Grünflächen, kulturellen Einrichtungen, Freizeit- und Erholungsangeboten sowie die Förderung einer lebendigen und vielfältigen Stadtgesellschaft.

In der Kommunalpolitik ist die Stadtentwicklung ein komplexer Prozess, der die Abwägung unterschiedlicher Interessen und Bedürfnisse erfordert. Politische Entscheidungsträger müssen die Balance zwischen wirtschaftlicher Entwicklung, sozialer Gerechtigkeit, Umweltschutz und Erhaltung der lokalen Identität finden.

Die Bürgerinnen und Bürger spielen eine wichtige Rolle in der Infrastruktur- und Stadtentwicklung, da ihre Bedürfnisse und Anliegen berücksichtigt werden müssen. Bürgerbeteiligung, Dialogveranstaltungen und Transparenz in der politischen Entscheidungsfindung sind entscheidend, um eine nachhaltige, partizipative und zukunftsorientierte Entwicklung der Stadt oder Gemeinde zu gewährleisten.

Infrastruktur und Stadtentwicklung sind Schlüsselbereiche in der Kommunalpolitik, die gemeinsam die Lebensqualität, das Wohlbefinden und die Zukunftsfähigkeit einer Stadt oder Gemeinde beeinflussen. Eine vorausschauende, bedarfsorientierte und partizipative Herangehensweise in diesen Bereichen ist von großer Bedeutung für eine erfolgreiche kommunale Entwicklung.

Bildung und Kultur

Bildung und Kultur sind zentrale Bereiche in der Kommunalpolitik, da sie maßgeblich zur Entwicklung einer vielfältigen, kreativen und gebildeten Gesellschaft beitragen. Hier sind einige Aspekte, die in der Kommunalpolitik im Zusammenhang mit Bildung und Kultur relevant sind:

Bildung:

Die Kommunalpolitik hat eine wichtige Rolle bei der Gestaltung und Finanzierung des Bildungssystems vor Ort. Dies umfasst die Verantwortung für die Schulen, Kindertagesstätten, Weiterbildungseinrichtungen und andere Bildungseinrichtungen in der Gemeinde oder Stadt.

Schulen: Die Kommunalpolitik ist für die Schulinfrastruktur, die Lehrerbesetzung und die Bildungsqualität an den öffentlichen Schulen zuständig. Die Planung und der Ausbau von Schulgebäuden sowie die Sicherstellung einer qualitativ hochwertigen Bildung stehen dabei im Fokus.

Kindertagesstätten: Die Kommunalpolitik fördert die frühkindliche Bildung durch die Unterstützung von

Kindertagesstätten und Kindergärten und stellt sicher, dass eine qualitativ hochwertige Betreuung für Kinder bereitgestellt wird.

Weiterbildung: Die Förderung der Weiterbildung von Erwachsenen, sei es durch Volkshochschulen, Bibliotheken oder andere Bildungseinrichtungen, ist ebenfalls ein Ziel der Kommunalpolitik.

Kultur:

Die Förderung von Kunst und Kultur spielt eine bedeutende Rolle in der Kommunalpolitik. Kultur ist ein wichtiger Faktor für die Identität einer Gemeinde oder Stadt und trägt zur kulturellen Vielfalt und Lebensqualität bei.

Kulturelle Einrichtungen: Die Kommunalpolitik unterstützt kulturelle Einrichtungen wie Museen, Theater, Konzerthallen, Bibliotheken und kulturelle Zentren, um den Zugang zu kulturellen Angeboten für die Bürgerinnen und Bürger zu gewährleisten.

Kulturveranstaltungen: Die Förderung von kulturellen Veranstaltungen wie Festivals, Konzerte, Theateraufführungen und Kunstausstellungen stärkt das kulturelle Leben in der Gemeinde und zieht oft auch Touristen an.

Kulturelle Vielfalt: Die Kommunalpolitik setzt sich für die Förderung der kulturellen Vielfalt ein, indem sie den Schutz und die Wertschätzung des kulturellen Erbes verschiedener Gruppen und Minderheiten unterstützt.

Die Kommunalpolitik spielt eine wichtige Rolle bei der Sicherung und Weiterentwicklung von Bildung und Kultur vor Ort.

Eine starke und vielfältige Bildungslandschaft sowie ein blühendes kulturelles Leben fördern nicht nur die persönliche Entwicklung der Bürgerinnen und Bürger, sondern tragen auch zur Attraktivität einer Gemeinde oder Stadt bei und fördern den sozialen Zusammenhalt und das Gemeinschaftsgefühl.

Eine nachhaltige und zukunftsorientierte Kommunalpolitik in den Bereichen Bildung und Kultur ist daher von großer Bedeutung für eine lebendige und lebenswerte Kommune.

Soziale Dienste und Gesundheitsversorgung

Soziale Dienste und Gesundheitsversorgung sind zwei zentrale Bereiche in der Kommunalpolitik, die das Wohlergehen und die Lebensqualität der Bürgerinnen und Bürger in einer Gemeinde oder Stadt maßgeblich beeinflussen. Hier sind einige Aspekte, die in der Kommunalpolitik im Zusammenhang mit sozialen Diensten und Gesundheitsversorgung von Bedeutung sind:

Soziale Dienste:

Die Kommunalpolitik ist dafür verantwortlich, soziale Dienste bereitzustellen und sicherzustellen, dass die Bedürfnisse und Rechte der Bürgerinnen und Bürger in verschiedenen Lebenslagen unterstützt werden.

Sozialhilfe: Die Kommunalpolitik gewährleistet die Bereitstellung von Sozialhilfe und Unterstützung für Menschen, die in Not geraten sind oder aufgrund von persönlichen oder wirtschaftlichen Umständen Unterstützung benötigen.

Senioren- und Behindertenbetreuung: Die Kommunalpolitik fördert Dienstleistungen und Einrichtungen für Senioren und Menschen mit Behinderungen, um ihre Selbstbestimmung, soziale Teilhabe und Lebensqualität zu unterstützen.

Jugend- und Familienhilfe: Die Förderung von Angeboten und Einrichtungen für Jugendliche und Familien ist ein zentraler Aspekt der Kommunalpolitik, um das Aufwachsen junger Menschen zu unterstützen und das Familienleben zu stärken.

Gesundheitsversorgung:

Die Kommunalpolitik trägt dazu bei, eine zugängliche und qualitativ hochwertige Gesundheitsversorgung für die Bürgerinnen und Bürger sicherzustellen.

Gesundheitseinrichtungen: Die Kommunalpolitik unterstützt die Gesundheitsversorgung durch den Betrieb und die Förderung von Gesundheitseinrichtungen wie Kliniken, Gesundheitszentren oder Apotheken.

Prävention und Gesundheitsförderung: Die Förderung von Präventionsmaßnahmen und Gesundheitsförderung ist ein wichtiger Bestandteil der Kommunalpolitik, um die

Gesundheit der Bevölkerung zu erhalten und zu verbessern.

Gesundheitsprogramme: Die Kommunalpolitik kann Programme und Initiativen zur Bekämpfung von gesundheitlichen Herausforderungen, wie beispielsweise der Prävention von Suchterkrankungen oder der Förderung von gesundem Lebensstil, initiieren und unterstützen.

Die Kommunalpolitik hat eine entscheidende Rolle bei der Gestaltung von sozialen Diensten und Gesundheitsversorgung vor Ort. Eine umfassende und bedarfsorientierte Versorgung in diesen Bereichen ist entscheidend für das Wohlergehen und die Lebensqualität der Bürgerinnen und Bürger.

Eine engagierte Kommunalpolitik, die soziale Gerechtigkeit, Solidarität und Gesundheitsförderung in den Vordergrund stellt, kann dazu beitragen, dass die Gemeinde oder Stadt für ihre Einwohnerinnen und Einwohner ein lebenswerter und sicherer Ort ist.

Umweltschutz und Nachhaltigkeit

Umweltschutz und Nachhaltigkeit sind wichtige Säulen in der Kommunalpolitik, da sie dazu beitragen, die natürlichen Ressourcen zu schützen, die Umwelt zu erhalten und eine lebenswerte Zukunft für kommende Generationen zu gewährleisten. Hier sind einige Aspekte, die in der Kommunalpolitik im Zusammenhang mit Umweltschutz und Nachhaltigkeit von Bedeutung sind:

Umweltschutz:

Der Umweltschutz in der Kommunalpolitik bezieht sich auf Maßnahmen und Strategien, die darauf abzielen, die Umwelt vor negativen Auswirkungen menschlicher Aktivitäten zu schützen. Dazu gehören:

Naturschutz: Die Kommunalpolitik fördert den Schutz und die Erhaltung von natürlichen Lebensräumen, wie Wälder, Feuchtgebiete, Gewässer und Grünflächen, um die Biodiversität zu erhalten.

Luft- und Wasserschutz: Die Kommunalpolitik setzt sich für Maßnahmen ein, um die Luft- und Wasserqualität in der Gemeinde zu verbessern und umweltschädliche Emissionen und Verschmutzungen zu reduzieren.

Abfallwirtschaft: Die Förderung von Recycling, Mülltrennung und Abfallreduktion sind zentrale Anliegen der Kommunalpolitik, um eine nachhaltige Abfallwirtschaft zu gewährleisten.

Nachhaltigkeit:

Nachhaltigkeit in der Kommunalpolitik bezieht sich auf die langfristige Planung und Gestaltung von Stadt und Gemeinde, um ökologische, soziale und ökonomische Ziele in Einklang zu bringen. Dies umfasst:

Nachhaltige Stadtentwicklung: Die Kommunalpolitik setzt auf eine nachhaltige Stadtplanung, die den Bedürfnissen der Bürgerinnen und Bürger gerecht wird und gleichzeitig die Ressourcen schont.

Erneuerbare Energien: Die Förderung erneuerbarer Energien wie Solar- und Windenergie ist ein wichtiger Schritt, um den CO2-Ausstoß zu reduzieren und eine klimafreundliche Energieversorgung zu gewährleisten.

Förderung der Mobilität: Die Kommunalpolitik unterstützt nachhaltige Mobilitätskonzepte, wie den Ausbau des öffentlichen Nahverkehrs, Radwege und Fußgängerzonen, um den Verkehr umweltfreundlicher zu gestalten.

Bildung und Bewusstseinsbildung: Die Förderung von Bildung und Bewusstseinsbildung zu Umweltschutz und Nachhaltigkeit ist ein zentraler Ansatz, um das Umweltbewusstsein in der Bevölkerung zu stärken und nachhaltiges Handeln zu fördern.

Umweltschutz und Nachhaltigkeit sind entscheidende Herausforderungen, denen sich die Kommunalpolitik stellen muss. Eine engagierte und zukunftsorientierte Kommunalpolitik kann dazu beitragen, eine lebenswerte und nachhaltige Umgebung für die Bürgerinnen und Bürger zu schaffen, die den ökologischen Fußabdruck minimiert und einen verantwortungsvollen Umgang mit den begrenzten Ressourcen unserer Erde fördert.

Durch gemeinsame Anstrengungen auf kommunaler Ebene kann ein wertvoller Beitrag zum globalen Umweltschutz und zur Nachhaltigkeit geleistet werden.

Wirtschaftsförderung und Arbeitsmarkt

Wirtschaftsförderung und Arbeitsmarkt sind zwei eng miteinander verbundene Bereiche in der Kommunalpolitik, die darauf abzielen, die Wirtschaftsentwicklung vor Ort zu unterstützen und Arbeitsplätze für die Bürgerinnen und Bürger zu schaffen. Hier sind einige Aspekte, die in der Kommunalpolitik im Zusammenhang mit Wirtschaftsförderung und Arbeitsmarkt von Bedeutung sind:

Wirtschaftsförderung:

Die Wirtschaftsförderung ist darauf ausgerichtet, die wirtschaftliche Entwicklung und das Unternehmertum in der Gemeinde oder Stadt zu stärken. Dazu gehören:

Ansiedlung von Unternehmen: Die Kommunalpolitik setzt sich dafür ein, Unternehmen anzuziehen und zu fördern, indem sie beispielsweise Investitionsanreize, Gewerbeflächen und Infrastruktur bereitstellt.

Unterstützung von Start-ups: Die Förderung von Start-ups und innovativen Unternehmen trägt zur Schaffung neuer Arbeitsplätze und zur Förderung von Wachstum und Technologieentwicklung bei.

Förderung von Branchen: Die Kommunalpolitik kann gezielt bestimmte Branchen, wie z. B. Tourismus, Gesundheitswesen oder kreative Industrien, unterstützen, um die Wirtschaftsvielfalt zu fördern.

Netzwerke und Kooperationen: Die Bildung von Netzwerken und Kooperationen zwischen Unternehmen, Bildungseinrichtungen und der Kommunalverwaltung kann den Wissenstransfer und die Innovationskraft stärken.

Arbeitsmarkt:

Die Kommunalpolitik hat Einfluss darauf, wie sich der Arbeitsmarkt vor Ort entwickelt und wie Arbeitsplätze geschaffen und erhalten werden können.

Arbeitsmarktpolitik: Die Kommunalpolitik kann Programme zur Arbeitsmarktförderung initiieren, die gezielt Arbeitslose und Benachteiligte unterstützen, um deren Arbeitsmarktchancen zu verbessern.

Qualifizierung und Weiterbildung: Die Förderung von Qualifizierungs- und Weiterbildungsmaßnahmen trägt dazu bei, die Beschäftigungsfähigkeit der Bürgerinnen und Bürger zu erhöhen und den Fachkräftemangel zu bekämpfen.

Zusammenarbeit mit Unternehmen: Die Kommunalpolitik kann eng mit Unternehmen zusammenarbeiten, um den Bedarf an Arbeitskräften und die Qualifikationsanforderungen besser zu verstehen und gezielt darauf einzugehen.

Infrastruktur und Erreichbarkeit: Eine gut ausgebaute Infrastruktur, insbesondere im Verkehrsbereich, kann die Erreichbarkeit von Arbeitsplätzen verbessern und die Attraktivität einer Region für Arbeitnehmer und Unternehmen steigern.

Wirtschaftsförderung und Arbeitsmarkt sind entscheidende Faktoren für die wirtschaftliche Stabilität und das Wohlergehen einer Gemeinde oder Stadt. Eine aktive und zukunftsorientierte Kommunalpolitik kann dazu beitragen, die wirtschaftliche Entwicklung zu fördern, Arbeitsplätze zu schaffen und die Lebensqualität für die Bürgerinnen und Bürger zu erhöhen.

Eine enge Zusammenarbeit zwischen Kommunalverwaltung, Unternehmen, Bildungseinrichtungen und anderen relevanten Akteuren ist dabei von großer Bedeutung, um eine nachhaltige und prosperierende Wirtschaftsstruktur zu erreichen.

Kommunalpolitische Akteure

Bürgermeister/in und kommunale Amtsleiter/innen

Bürgermeister/in:

Der/die Bürgermeister/in ist das höchste politische Amt in einer Gemeinde oder Stadt und wird in der Regel durch eine Direktwahl von den Bürgerinnen und Bürgern für eine bestimmte Amtszeit gewählt. Die Rolle der Bürgermeisterin oder des Bürgermeisters ist in der Kommunalpolitik von großer Bedeutung und umfasst eine Vielzahl von Aufgaben und Verantwortlichkeiten:

Repräsentation: Der/die Bürgermeister/in repräsentiert die Gemeinde oder Stadt nach außen und ist das offizielle Gesicht der Kommune. Sie nehmen an Veranstaltungen, Empfängen, Gremiensitzungen und anderen offiziellen Anlässen teil, um die Interessen der Kommune zu vertreten.

Führung der Verwaltung: Der/die Bürgermeister/in ist der/die Leiter/in der Kommunalverwaltung und trägt die Verantwortung für die Organisation und den reibungslosen Ablauf der Verwaltungsaufgaben. Sie koordinieren die Arbeit der Mitarbeiterinnen und Mitarbeiter der Verwaltung und sorgen für eine effiziente und transparente Arbeitsweise.

Politische Führung: Als gewählte/r Vertreter/in den Bürgerinnen und Bürger spielt der/die Bürgermeister/in eine zentrale Rolle in der politischen Führung der Kommune. Sie setzen politische Schwerpunkte, bringen politische Vorhaben und Projekte ein und führen die kommunalpolitischen Entscheidungsprozesse.

Haushaltsplanung: Der/die Bürgermeister/in ist in vielen Fällen auch für die Haushaltsplanung und den kommunalen Finanzhaushalt verantwortlich. Sie setzen gemeinsam mit der Verwaltung die finanziellen Prioritäten und überwachen die Umsetzung des Haushalts.

Kommunale Amtsleiter/innen:

Die kommunalen Amtsleiter/innen sind die leitenden Mitarbeiter/innen in den verschiedenen Fachbereichen der Kommunalverwaltung und berichten direkt an den/die Bürgermeister/in oder den zuständigen Dezernenten/Dezernentin. Sie tragen die Verantwortung für ihren jeweiligen Fachbereich und sorgen für eine sachgerechte Umsetzung der politischen Beschlüsse und Aufgaben. Zu den Aufgaben der Amtsleiter/innen gehören:

Fachliche Leitung: Die Amtsleiter/innen sind für die fachliche Leitung ihres Bereichs verantwortlich und sorgen für eine reibungslose und effiziente Arbeitsweise der Mitarbeiter/innen in ihrem Zuständigkeitsbereich.

Umsetzung von Projekten: Sie setzen politische Vorgaben und Projekte um und koordinieren die entsprechenden Maßnahmen.

Beratung der Politik: Die Amtsleiter/innen beraten die politischen Gremien, wie beispielsweise den Stadtrat oder Gemeinderat, in ihrem Fachgebiet und bringen ihr Fachwissen in die politischen Entscheidungsprozesse ein.

Kommunikation: Sie stehen in engem Austausch mit anderen Fachbereichen, Institutionen, Unternehmen und der Bevölkerung, um eine effektive Zusammenarbeit sicherzustellen.

Sowohl der/die Bürgermeister/in als auch die kommunalen Amtsleiter/innen spielen eine wesentliche Rolle in der Kommunalpolitik und tragen gemeinsam dazu bei, die

Gemeinde oder Stadt zu führen, zu gestalten und voranzubringen. Durch ihre Zusammenarbeit und ihre Verantwortung für verschiedene Bereiche gewährleisten sie eine ganzheitliche und vielseitige politische Führung auf kommunaler Ebene.

Wie werden Bürgermeister/innen gewählt

Die Wahl eines Bürgermeisters oder einer Bürgermeisterin variiert je nach Land, Bundesland oder Kommune, da es in den verschiedenen Ländern und Regionen unterschiedliche gesetzliche Regelungen gibt. Im Allgemeinen gibt es jedoch einige gemeinsame Merkmale bei der Wahl von Bürgermeistern/Bürgermeisterinnen:

Direktwahl: In vielen Ländern und Kommunen wird der/die Bürgermeister/in direkt von den Bürgerinnen und Bürgern gewählt. Dies bedeutet, dass die Wählerinnen und Wähler ihre Stimme direkt für einen bestimmten Kandidaten oder eine Kandidatin abgeben, ohne dass eine vorgeschaltete Wahlversammlung oder ein Wahlgremium entscheidet.

Amtszeit: Die Amtszeit der Bürgermeisterin oder des Bürgermeisters ist in der Regel für eine bestimmte Dauer festgelegt, typischerweise vier oder fünf Jahre. Nach Ablauf der Amtszeit kann der/die Bürgermeister/in erneut zur Wahl antreten.

Kandidatenaufstellung: Die Aufstellung der Kandidaten und Kandidatinnen erfolgt in der Regel durch politische Parteien oder Wählergruppen, die ihre eigenen Kandidaten nominieren. Unabhängige Kandidaten können sich auch ohne Parteibindung zur Wahl stellen, sofern dies in den gesetzlichen Bestimmungen der jeweiligen Kommune erlaubt ist.

Wahlkampf: Vor der Bürgermeisterwahl findet in der Regel ein Wahlkampf statt, in dem die Kandidaten und Kandidatinnen ihre Positionen, Ziele und politischen Programme vorstellen und um die Stimmen der Wählerinnen und Wähler werben.

Mehrheitswahl: In vielen Fällen wird der/die Bürgermeister/in durch eine Mehrheitswahl bestimmt. Das bedeutet, dass der Kandidat oder die Kandidatin, der oder die die meisten Stimmen erhält, als Bürgermeister/in gewählt wird.

Stichwahl: Wenn bei der ersten Wahl kein Kandidat oder keine Kandidatin die absolute Mehrheit der Stimmen erreicht (mehr als die Hälfte der abgegebenen Stimmen), kann eine Stichwahl zwischen den beiden Kandidaten oder Kandidatinnen mit den meisten Stimmen stattfinden.

Es ist wichtig zu beachten, dass es je nach Land und Region unterschiedliche rechtliche Bestimmungen und Wahlsysteme gibt, die die Wahl eines Bürgermeisters oder einer Bürgermeisterin regeln. Die genauen Regelungen können daher variieren und sollten in den entsprechenden kommunalen Gesetzen oder Wahlvorschriften nachgeschlagen werden.

Kann man Bürgermeister/innen wieder abwählen?

Ja, Bürgermeisterinnen und Bürgermeister können in den meisten Fällen wieder abgewählt werden. Die Amtszeit eines Bürgermeisters oder einer Bürgermeisterin ist in der Regel für eine bestimmte Dauer festgelegt, typischerweise für vier oder fünf Jahre. Nach Ablauf der Amtszeit kann der/die Bürgermeister/in erneut zur Wahl antreten und von den Bürgerinnen und Bürgern erneut gewählt werden.

Allerdings können Bürgermeisterinnen und Bürgermeister auch vor Ablauf ihrer regulären Amtszeit abgewählt werden, wenn es entsprechende rechtliche Bestimmungen dafür gibt. Dies wird oft als Abwahl oder Absetzung bezeichnet. Die genauen Regelungen können je nach Land, Bundesland oder Kommune unterschiedlich sein.

Gründe für eine Abwahl können zum Beispiel schwerwiegende Pflichtverletzungen, Amtsmissbrauch oder andere Verfehlungen sein, die das Vertrauen der Bevölkerung in den Bürgermeister oder die Bürgermeisterin erschüttern. In solchen Fällen kann ein Abwahlverfahren eingeleitet werden, das von den entsprechenden Gesetzen und

Verordnungen der Kommune oder des Bundeslandes geregelt ist.

Das Abwahlverfahren kann unterschiedliche Voraussetzungen und Abläufe haben. In einigen Fällen ist eine Mehrheit der abgegebenen Stimmen bei einem Abwahlreferendum erforderlich, um den Bürgermeister oder die Bürgermeisterin abzuwählen. In anderen Fällen kann eine bestimmte Anzahl von Unterschriften von Bürgerinnen und Bürgern ausreichen, um eine Abwahl in Gang zu setzen.

Es ist wichtig zu betonen, dass die Abwahl eines Bürgermeisters oder einer Bürgermeisterin in der Regel ein rechtlich geregelter Prozess ist und nicht willkürlich erfolgt. Es werden klare Regeln und Verfahren eingehalten, um sicherzustellen, dass die Abwahl demokratisch und rechtsstaatlich erfolgt und das Vertrauen der Bevölkerung in die kommunale Politik gewahrt bleibt.

Gemeinderat und andere politische Gremien

Der Gemeinderat ist ein wichtiges politisches Gremium auf kommunaler Ebene, das in vielen Ländern als Gesetzgebungskörper für Städte und Gemeinden fungiert. Es gibt auch andere politische Gremien auf kommunaler Ebene, die verschiedene Aufgaben und Zuständigkeiten haben. Hier sind einige grundlegende Informationen über den Gemeinderat und andere politische Gremien:

Gemeinderat:

Zusammensetzung: Der Gemeinderat setzt sich aus gewählten Vertreterinnen und Vertretern der Bürgerinnen und Bürger zusammen. Die Anzahl der Ratsmitglieder variiert je nach Größe der Gemeinde oder Stadt und wird durch die kommunalen Gesetze oder Verordnungen festgelegt.

Funktion: Der Gemeinderat ist das wichtigste Entscheidungsgremium auf kommunaler Ebene und trifft politische Entscheidungen für die Gemeinde. Es hat die Befugnis, Verordnungen und Satzungen zu erlassen, den

Haushalt zu genehmigen, über Bauprojekte zu entscheiden und andere wichtige Angelegenheiten zu regeln.

Aufgaben: Zu den Aufgaben des Gemeinderats gehört es, die Interessen der Bürgerinnen und Bürger zu vertreten, politische Schwerpunkte zu setzen und die Kommunalverwaltung zu kontrollieren. Der Gemeinderat entscheidet über wichtige Angelegenheiten der Gemeinde und vertritt deren Interessen nach außen.

Ausschüsse:

Zusammensetzung: In vielen Gemeinden und Städten gibt es verschiedene Ausschüsse, die aus Mitgliedern des Gemeinderats gebildet werden. Diese Ausschüsse sind spezialisierte Gremien, die sich mit bestimmten Themenbereichen befassen, wie z. B. Finanzen, Stadtentwicklung, Bildung oder Soziales.

Funktion: Die Ausschüsse unterstützen den Gemeinderat bei der Vorbereitung und Vertiefung von politischen Entscheidungen. Sie erarbeiten Empfehlungen und Gutachten zu spezifischen Themen und entlasten damit den Gemeinderat von detailreichen Diskussionen in der Vollversammlung.

Aufgaben: Die Aufgaben der Ausschüsse variieren je nach ihrem Zuständigkeitsbereich. Sie können zum Beispiel die Verteilung von Finanzmitteln, die Planung von Bauprojekten oder die Entwicklung von Bildungsprogrammen überwachen und vorbereiten.

Ortsbeirat (je nach Land oder Region):

Zusammensetzung: In einigen Ländern oder Regionen gibt es auch Ortsbeiräte oder Bezirksvertretungen, die für bestimmte Stadtteile oder Bezirke zuständig sind. Sie bestehen aus gewählten Mitgliedern, die die Interessen ihrer jeweiligen Region vertreten.

Funktion: Die Ortsbeiräte haben ähnliche Funktionen wie der Gemeinderat, jedoch in begrenzterem Rahmen. Sie befassen sich mit Themen und Angelegenheiten, die speziell ihre Region betreffen, und machen Empfehlungen an den Gemeinderat.

Diese politischen Gremien spielen eine wesentliche Rolle in der Kommunalpolitik und tragen dazu bei, dass die Interessen der Bürgerinnen und Bürger auf lokaler Ebene vertreten werden und Entscheidungen demokratisch getroffen werden. Durch ihre Zusammenarbeit und Diskussionen in den Gremien wird eine breite Vielfalt von

Themen und Perspektiven berücksichtigt, um eine verantwortungsvolle und partizipative Kommunalpolitik zu gewährleisten.

Lokale Interessengruppen und NGOs

Lokale Interessengruppen und Nichtregierungsorganisationen (NGOs) spielen eine wichtige Rolle in der Kommunalpolitik und tragen dazu bei, die Interessen der Bürgerinnen und Bürger auf lokaler Ebene zu vertreten und politische Veränderungen zu bewirken. Hier sind einige Informationen über lokale Interessengruppen und NGOs:

Lokale Interessengruppen:

Definition: Lokale Interessengruppen sind Zusammenschlüsse von Bürgerinnen und Bürgern, die gemeinsame Interessen, Anliegen oder Ziele haben und sich auf lokaler Ebene für ihre Belange einsetzen.

Themen und Ziele: Lokale Interessengruppen können sich mit einer Vielzahl von Themen befassen, je nach den Bedürfnissen und Herausforderungen ihrer Mitglieder. Dies können Umweltschutz, Stadtentwicklung, Bildung, Soziales, Gesundheit, Kultur oder andere Bereiche sein.

Aktivitäten: Um ihre Ziele zu erreichen, führen lokale Interessengruppen oft verschiedene Aktivitäten durch, wie

75

zum Beispiel Informationsveranstaltungen, Demonstrationen, Petitionen, Lobbyarbeit, Öffentlichkeitsarbeit und die Zusammenarbeit mit politischen Entscheidungsträgern.

Partizipation und Engagement: Lokale Interessengruppen fördern die Beteiligung und das Engagement der Bürgerinnen und Bürger an politischen Prozessen auf lokaler Ebene. Sie bieten eine Plattform für Menschen, die ihre Stimme erheben und an politischen Entscheidungen teilhaben möchten.

Nichtregierungsorganisationen (NGOs):

Definition: NGOs sind unabhängige Organisationen, die nicht Teil der Regierung sind und sich für bestimmte soziale, ökologische, kulturelle oder politische Ziele einsetzen.

Tätigkeitsfelder: NGOs können auf lokaler, nationaler oder internationaler Ebene tätig sein und sich mit einer Vielzahl von Themen befassen, darunter Umweltschutz, Menschenrechte, Entwicklungszusammenarbeit, Gesundheit, Bildung und vieles mehr.

Projektarbeit: NGOs führen oft konkrete Projekte und Programme durch, um ihre Ziele zu erreichen. Sie setzen sich für konkrete Lösungen ein und unterstützen oft vulnerable Gruppen und Gemeinschaften.

Advocacy und Lobbyarbeit: NGOs engagieren sich häufig auch in Advocacy- und Lobbyarbeit, um politische Entscheidungsträger und Institutionen zu beeinflussen und politische Veränderungen herbeizuführen.

Lokale Interessengruppen und NGOs sind wichtige Akteure in der kommunalen Politik, da sie dazu beitragen, die politische Partizipation zu stärken, die Bedürfnisse der Bürgerinnen und Bürger zu vertreten und politische Entscheidungen im Sinne des Gemeinwohls zu beeinflussen. Sie tragen dazu bei, dass verschiedene Stimmen und Perspektiven in die politischen Prozesse einbezogen werden und eine vielfältige und demokratische Gemeinschaft gefördert wird. Durch ihre Arbeit können sie eine positive Wirkung auf lokale Gemeinschaften und die Gesellschaft insgesamt haben.

Finanzierung und Haushaltsplanung

Einnahmequellen der Kommunen (Steuern, Gebühren, Zuschüsse)

Die Einnahmequellen der Kommunen (Gemeinden und Städte) können je nach Land und Rechtsordnung variieren, aber im Allgemeinen setzen sich die Einnahmen aus verschiedenen Quellen zusammen. Hier sind die typischen Einnahmequellen der Kommunen:

Kommunale Steuern:

Grundsteuer: Die Grundsteuer wird von den Eigentümern von Grundstücken und Immobilien gezahlt und ist eine wichtige Einnahmequelle für die Kommunen.

Gewerbesteuer: Die Gewerbesteuer wird von Gewerbebetrieben und Unternehmen erhoben, die in der Gemeinde oder Stadt aktiv sind. Sie ist eine der bedeutendsten Steuereinnahmen der Kommunen.

Kommunale Gebühren:

Abfallgebühren: Die Kommunen erheben in der Regel Gebühren für die Entsorgung von Abfällen, Müllabfuhr und Müllentsorgung.

Wassergebühren: Für die Bereitstellung von Trinkwasser und Abwasserentsorgung erheben die Kommunen Wassergebühren von den Haushalten und Unternehmen.

Straßenreinigungsgebühren: In einigen Städten werden Gebühren für die Straßenreinigung von den Anliegern erhoben.

Einnahmen aus kommunalen Betrieben und Einrichtungen:

Kommunale Betriebe: Einige Kommunen betreiben öffentliche Unternehmen wie Stadtwerke, öffentliche Verkehrsbetriebe oder Müllentsorgungsunternehmen, die Einnahmen generieren.

Einrichtungen und Dienstleistungen: Einnahmen werden auch aus Einrichtungen wie Schwimmbädern,

Bibliotheken oder Veranstaltungen, die von der Kommune organisiert werden, erzielt.

Zuweisungen und Zuschüsse:

Landes- und Bundeszuweisungen: Die Kommunen erhalten Zuweisungen und Zuschüsse von ihren übergeordneten Gebietskörperschaften, wie dem Land oder dem Bund, um bestimmte Aufgaben zu finanzieren.

Zweckgebundene Fördermittel: Kommunen können für bestimmte Projekte oder Programme auch zweckgebundene Fördermittel von Landes- oder Bundesministerien oder anderen Institutionen erhalten.

Kommunale Kredite:

In einigen Fällen nehmen Kommunen Kredite auf, um größere Investitionen oder Infrastrukturprojekte zu finanzieren.

Die Einnahmen aus diesen Quellen ermöglichen den Kommunen, ihre öffentlichen Dienstleistungen, Infrastrukturprojekte, Bildungseinrichtungen, Sozialdienste und andere Aufgaben zu finanzieren.

Da die finanzielle Lage von Kommunen stark variieren kann, kann es vorkommen, dass manche Kommunen mehr Abhängigkeit von bestimmten Einnahmequellen haben als andere. Eine ausgewogene und nachhaltige Finanzplanung ist für eine solide Haushaltsführung und die Erfüllung der Aufgaben und Bedürfnisse der Bürgerinnen und Bürger von entscheidender Bedeutung.

Haushaltsaufstellung und -verwaltung

Die Haushaltsaufstellung und -verwaltung ist ein wesentlicher Bestandteil der kommunalen Finanzplanung und -führung. Sie umfasst den Prozess der Aufstellung eines Haushaltsplans, der die geplanten Einnahmen und Ausgaben einer Gemeinde oder Stadt für einen bestimmten Zeitraum, in der Regel ein Jahr, darstellt. Hier sind die grundlegenden Schritte der Haushaltsaufstellung und -verwaltung:

Haushaltsaufstellung:

Planung der Einnahmen: Zunächst werden die erwarteten Einnahmen der Kommune für den kommenden Haushaltszeitraum geschätzt. Dies umfasst unter anderem kommunale Steuereinnahmen, Gebühren, Zuweisungen und Zuschüsse von übergeordneten Gebietskörperschaften sowie mögliche Einnahmen aus kommunalen Betrieben und Einrichtungen.

Festlegung der Ausgaben: Auf Basis der geplanten Aufgaben und Projekte der Kommune werden die Ausgaben für den Haushaltszeitraum festgelegt. Dies umfasst beispielsweise Personalkosten, Investitionen in Infrastruktur, Bildungseinrichtungen, Sozialdienste, Kultur, öffentliche Sicherheit und andere kommunale Aufgaben.

Abstimmung und Beratung: Die Haushaltsaufstellung erfolgt in enger Zusammenarbeit mit verschiedenen Akteuren, darunter die Kommunalverwaltung, die Fachämter, die politischen Gremien wie der Gemeinderat, sowie die Bürgerinnen und Bürger, um deren Anliegen und Bedürfnisse angemessen zu berücksichtigen.

Haushaltsverwaltung:

Haushaltsbeschluss: Nach der Aufstellung wird der Haushaltsplan zur Abstimmung und Genehmigung an das zuständige politische Gremium, meist den Gemeinderat, vorgelegt. Dort erfolgten eine detaillierte Beratung, Änderungen und schließlich die Verabschiedung des Haushaltsplans.

Haushaltsausführung: Nachdem der Haushaltsplan genehmigt ist, beginnt die Haushaltsausführung für den festgelegten Zeitraum. Die kommunale Verwaltung setzt die im Haushaltsplan vorgesehenen Maßnahmen und Projekte um und überwacht die Einnahmen und Ausgaben im laufenden Betrieb.

Kontrolle und Berichterstattung: Die Kommunalverwaltung ist auch für die regelmäßige Kontrolle der Haushaltsausführung verantwortlich. Es werden Budgetkontrollen durchgeführt und Finanzberichte erstellt, um sicherzustellen, dass der Haushaltsplan eingehalten wird und finanzielle Zielsetzungen erreicht werden.

Anpassungen: In einigen Fällen können im Laufe des Haushaltsjahres Anpassungen am Haushaltsplan erforderlich sein, beispielsweise aufgrund unvorhergesehener Entwicklungen oder veränderter Bedingungen. In diesem Fall müssen die Änderungen dem Gemeinderat zur Genehmigung vorgelegt werden.

Eine verantwortungsvolle Haushaltsaufstellung und -verwaltung ist für eine nachhaltige Finanzplanung und die Gewährleistung einer stabilen finanziellen Lage der Gemeinde oder Stadt von entscheidender Bedeutung. Eine solide Haushaltsführung ermöglicht es den Kommunen, ihre Aufgaben und Verpflichtungen gegenüber den Bürgerinnen und Bürgern effektiv zu erfüllen und die Infrastruktur sowie die Lebensqualität vor Ort zu verbessern.

Zu einem guten Haushalt gehören

Ein verständlich formulierter Vorbericht

Ein guter Kommunalhaushalt zeichnet sich unter anderem durch verständlich formulierte Vorberichte aus, die für alle Bürgerinnen und Bürger zugänglich sind. Diese Vorberichte dienen dazu, die geplanten Ausgaben und Einnahmen der Gemeinde transparent darzulegen und den Bürgerinnen und Bürgern ein klares Bild von den finanziellen Planungen und Zielen der Kommune zu vermitteln. Hier sind einige Punkte, die in verständlich formulierten Vorberichten enthalten sein sollten:

Übersichtliche Struktur: Die Vorberichte sollten in einer klaren und gut strukturierten Form verfasst sein, um es den Lesern zu erleichtern, die relevanten Informationen zu finden.

Erläuterung der Haushaltsziele: Die Vorberichte sollten die Ziele und Prioritäten der Gemeinde für das kommende Haushaltsjahr erläutern. Hierzu gehört eine klare Darstellung der geplanten Investitionen, Ausgaben und Maßnahmen.

Erklärung der Finanzlage: Die Vorberichte sollten die aktuelle finanzielle Situation der Kommune beschreiben und mögliche Herausforderungen oder Risiken aufzeigen, die sich auf den Haushalt auswirken könnten.

Verständliche Darstellung von Kennzahlen: Finanzielle Kennzahlen wie beispielsweise Steuereinnahmen, Verschuldungsgrad oder Eigenkapitalquote sollten in verständlicher Form erklärt werden, damit die Leser die finanzielle Leistungsfähigkeit der Gemeinde nachvollziehen können.

Erläuterung von Abweichungen: Falls es im Vergleich zum Vorjahr Abweichungen bei den geplanten Ausgaben oder Einnahmen gibt, sollten diese verständlich begründet werden.

Bürgerbeteiligung: Es ist wichtig, dass die Vorberichte auch auf die Meinung der Bürgerinnen und Bürger eingehen und Raum für deren Fragen und Anmerkungen bieten.

Vermeidung von Fachjargon: Die Vorberichte sollten so formuliert sein, dass sie auch für Menschen ohne Fachkenntnisse im Finanzbereich gut verständlich sind. Fachjargon sollte vermieden oder erklärt werden.

Visualisierung: Grafiken, Diagramme oder Infografiken können dazu beitragen, komplexe Informationen leichter erfassbar zu machen.

Die verständliche Formulierung der Vorberichte trägt dazu bei, dass die Bürgerinnen und Bürger ein besseres Verständnis für die Finanzplanung ihrer Gemeinde entwickeln können. Dadurch wird die Transparenz gefördert, das Vertrauen gestärkt und die Beteiligung der Bevölkerung an kommunalen Entscheidungen unterstützt.

Investitionsliste

Die Investitionsliste im kommunalen Haushalt ist ein wichtiges Instrument, um geplante Investitionen und größere Ausgaben der Gemeinde zu erfassen und zu steuern. Sie stellt einen Teil des Gesamthaushalts dar und dient dazu, die langfristige Entwicklung der Kommune zu planen, infrastrukturelle Projekte umzusetzen und die Lebensqualität der Bürgerinnen und Bürger zu verbessern. Hier sind einige wichtige Aspekte der Investitionsliste im kommunalen Haushalt:

Erfassung von Investitionsmaßnahmen: Die Investitionsliste enthält eine Aufstellung aller geplanten Investitionsmaßnahmen für das kommende Haushaltsjahr. Dies können beispielsweise der Neubau oder die Sanierung von Schulen, Kindergärten, Straßen, Parks, öffentlichen Gebäuden, Sportanlagen oder anderen Infrastrukturprojekten sein.

Priorisierung der Projekte: Oftmals stehen der Gemeinde mehr Investitionswünsche zur Verfügung als finanzielle Mittel. Daher ist es wichtig, dass die Projekte in der Liste nach ihrer Dringlichkeit und Bedeutung für die Gemeinde priorisiert werden. Dabei werden die langfristigen Entwicklungsziele und die aktuellen Bedürfnisse der Bürgerinnen und Bürger berücksichtigt.

Finanzierung der Investitionen: Die Investitionsliste gibt auch Auskunft über die vorgesehenen Finanzierungsquellen für die einzelnen Projekte. Dabei können sowohl eigene finanzielle Mittel der Gemeinde als auch Zuwendungen von anderen Gebietskörperschaften oder Fördermittel von staatlichen oder europäischen Programmen zum Einsatz kommen.

Langfristige Planung: Die Investitionsliste hat in der Regel einen mittel- bis langfristigen Horizont und kann mehrere Jahre umfassen. Dadurch wird eine kontinuierliche Entwicklung und Umsetzung der geplanten Projekte ermöglicht.

Transparente Kommunikation: Die Investitionsliste sollte für die Öffentlichkeit zugänglich sein, um Transparenz zu gewährleisten und die Bürgerinnen und Bürger über die geplanten Investitionen und deren Bedeutung für die Gemeinde zu informieren.

Anpassungsfähigkeit: Die Investitionsliste ist kein starres Dokument, sondern kann im Laufe des Haushaltsjahres bei Bedarf angepasst werden. Neue Prioritäten, veränderte finanzielle Rahmenbedingungen oder unvorhergesehene Ereignisse können eine Aktualisierung erforderlich machen.

Die Investitionsliste im kommunalen Haushalt ist somit ein wesentliches Instrument für eine nachhaltige und zukunftsorientierte Finanzplanung einer Gemeinde. Sie trägt dazu bei, die infrastrukturelle Entwicklung voranzutreiben und die Lebensqualität der Bürgerinnen und Bürger zu erhöhen.

Freiwillige Leistungen

Freiwillige Leistungen im Kommunalhaushalt sind Ausgaben, die von einer Kommune nicht gesetzlich vorgeschrieben sind, aber dennoch freiwillig erbracht werden, um das Gemeinwohl zu fördern oder das soziale und kulturelle Leben in der Gemeinde zu bereichern. Diese Ausgaben stehen im Gegensatz zu den Pflichtaufgaben einer Kommune, die gesetzlich festgelegt sind und zwingend erfüllt werden müssen, wie beispielsweise die Bereitstellung von Schulen, Kindergärten, Müllabfuhr und anderen grundlegenden Dienstleistungen. Hier sind einige wichtige Punkte zu den freiwilligen Leistungen im Kommunalhaushalt:

Breites Spektrum an Leistungen: Freiwillige Leistungen können ein breites Spektrum von Aktivitäten und Projekten umfassen. Dazu gehören beispielsweise die Förderung von Kulturveranstaltungen, Sport- und Freizeitaktivitäten, Unterstützung von Vereinen und Verbänden, Jugend- und Seniorenarbeit, Umweltschutzmaßnahmen, touristische Angebote oder auch Zuschüsse für soziale Einrichtungen.

Entscheidung durch die Kommunalpolitik: Die Entscheidung über die Höhe und Art der freiwilligen Leistungen wird in der Regel von der kommunalen Politik getroffen. Dabei müssen die kommunalen Gremien abwägen, welche Maßnahmen für die Gemeinde sinnvoll und förderlich sind und welche finanziellen Mittel dafür zur Verfügung stehen.

Flexibilität und Gestaltungsspielraum: Freiwillige Leistungen bieten den Kommunen einen gewissen Spielraum, um individuell auf die Bedürfnisse der Bürgerinnen und Bürger einzugehen und auf lokale Gegebenheiten einzugehen. Dies ermöglicht eine flexible und bedarfsorientierte Gestaltung der Ausgaben.

Abhängigkeit von der finanziellen Situation: Die Höhe der freiwilligen Leistungen ist oft von der finanziellen Lage der Kommune abhängig. In wirtschaftlich guten Zeiten stehen möglicherweise mehr Mittel für freiwillige Leistungen zur Verfügung, während in Zeiten knapper Haushaltsmittel Einschränkungen notwendig sein können.

Transparenz und Bürgerbeteiligung: Die Entscheidungen über die freiwilligen Leistungen sollten transparent kommuniziert werden, und die Bürgerinnen und Bürger sollten die Möglichkeit haben, ihre Meinung dazu zu äußern. Die Bürgerbeteiligung kann dazu beitragen, die Akzeptanz und Legitimität dieser Ausgaben zu stärken.

Risiko der Kürzung: Da freiwillige Leistungen nicht gesetzlich vorgeschrieben sind, können sie in wirtschaftlich schwierigen Zeiten von der Kommune gekürzt oder gestrichen werden, um das Haushaltsdefizit zu verringern.

Insgesamt spielen freiwillige Leistungen eine wichtige Rolle dabei, das soziale und kulturelle Leben in einer Gemeinde zu fördern und das Gemeinwohl zu stärken. Sie ermöglichen den Kommunen, über die Pflichtaufgaben hinaus spezifische Bedürfnisse der Bürgerinnen und Bürger zu berücksichtigen und somit eine lebenswerte Umgebung zu schaffen.

Stellenpläne

Stellenpläne im Kommunalhaushalt sind ein wichtiger Bestandteil der Personalplanung einer Kommune. Sie dienen dazu, die Anzahl und Art der Stellen in der Verwaltung sowie in den verschiedenen Einrichtungen und Dienststellen der Gemeinde festzulegen und zu organisieren. Hier sind einige wichtige Informationen über Stellenpläne im Kommunalhaushalt:

Personalbedarfsermittlung: Bei der Erstellung eines Stellenplans wird der Personalbedarf der Kommune ermittelt. Dabei wird festgelegt, wie viele Mitarbeiterinnen und Mitarbeiter in den verschiedenen Abteilungen und Bereichen benötigt werden, um die Aufgaben und Dienstleistungen der Gemeinde effizient und fachgerecht zu erfüllen.

Berücksichtigung von Aufgaben und Aufträgen: Der Stellenplan orientiert sich an den Aufgaben und Aufträgen der Kommune. Je nach Größe und Struktur der Gemeinde können die Aufgaben vielfältig sein, von Verwaltungstätigkeiten über Bildungseinrichtungen bis hin zu sozialen und kulturellen Angeboten.

Festlegung der Stellenanzahl und Stellenarten: Der Stellenplan gibt Auskunft über die Anzahl und Art der Stellen, die in der Verwaltung und den verschiedenen Einrichtungen vorgesehen sind. Dies beinhaltet Vollzeit-, Teilzeit- und auch befristete Stellen sowie die Zuordnung zu bestimmten Ämtern, Abteilungen oder Projekten.

Kostenkontrolle und Haushaltsplanung: Der Stellenplan hat einen direkten Einfluss auf die Personalkosten im Haushalt der Kommune. Die Gehälter und Lohnnebenkosten der Beschäftigten sind eine der größten Ausgabeposten in einem kommunalen Haushalt. Daher ist eine genaue Planung der Stellenzahl entscheidend, um die finanzielle Leistungsfähigkeit der Gemeinde sicherzustellen.

Flexibilität und Anpassung: Der Stellenplan sollte so gestaltet sein, dass er flexibel auf Veränderungen reagieren kann. Das bedeutet, dass neue Stellen geschaffen oder bestehende Stellen angepasst werden können, um den sich ändernden Anforderungen und Bedürfnissen der Gemeinde gerecht zu werden.

Personalentwicklung und Karrieremöglichkeiten: Der Stellenplan kann auch die Grundlage für die Personalentwicklung und die Karrieremöglichkeiten der Beschäftigten darstellen. Er zeigt mögliche Aufstiegsmöglichkeiten oder Spezialisierungen innerhalb der Verwaltung auf.

Der Stellenplan im Kommunalhaushalt ist somit ein strategisches Instrument, um den Personalbedarf der Gemeinde zu ermitteln, eine effiziente und bedarfsorientierte Personalplanung durchzuführen und die finanzielle Nachhaltigkeit der Kommune zu gewährleisten.

Kennzahlen

Kennzahlen im Kommunal-Haushalt sind finanzielle Indikatoren, die dazu dienen, die finanzielle Lage und Leistungsfähigkeit einer Kommune zu bewerten und zu analysieren. Sie bieten einen schnellen und übersichtlichen Einblick in wichtige Aspekte des Haushalts und ermöglichen Vergleiche zwischen verschiedenen Jahren oder Kommunen. Kennzahlen sind ein wichtiges Instrument für das Controlling und die Finanzplanung in der

Kommunalverwaltung. Hier sind einige gängige Kennzahlen im Kommunal-Haushalt:

Verschuldungsgrad: Der Verschuldungsgrad zeigt das Verhältnis der Gesamtschulden einer Kommune zu ihren Einnahmen (z. B. Steuereinnahmen). Er gibt Auskunft darüber, wie hoch die Verschuldung im Verhältnis zu den Einnahmen ist und wie gut die Kommune ihre Schulden bedienen kann.

Eigenkapitalquote: Die Eigenkapitalquote zeigt den Anteil des Eigenkapitals (z. B. Rücklagen und Gewinnrücklagen) im Verhältnis zur Gesamtbilanzsumme einer Kommune. Sie gibt Auskunft darüber, wie solide die finanzielle Basis der Kommune ist.

Investitionsquote: Die Investitionsquote zeigt den Anteil der Investitionen (z. B. in Infrastrukturprojekte) im Verhältnis zu den Gesamtausgaben einer Kommune. Sie zeigt, wie viel Prozent der Ausgaben in Investitionen fließen.

Liquiditätskennzahlen: Hierzu gehören Kennzahlen wie die Liquiditätsquote oder die Cash-Flow-Quote, die die Zahlungsfähigkeit der Kommune bewerten und Auskunft darüber geben, wie schnell die Kommune ihre kurzfristigen Verbindlichkeiten begleichen kann.

Steuereinnahmen pro Einwohner: Diese Kennzahl zeigt die Höhe der Steuereinnahmen einer Kommune pro Einwohner und gibt Auskunft über die Steuerkraft der Kommune.

Schulden pro Einwohner: Diese Kennzahl zeigt die Höhe der Gesamtschulden einer Kommune pro Einwohner und gibt Auskunft darüber, wie stark die Verschuldung auf die einzelnen Bürgerinnen und Bürger verteilt ist.

Personalkostenquote: Die Personalkostenquote zeigt den Anteil der Personalkosten (z. B. Gehälter und Sozialabgaben) im Verhältnis zu den Gesamtausgaben einer Kommune.

Diese Kennzahlen dienen dazu, die finanzielle Situation und Entwicklung einer Kommune zu beurteilen und können bei der Entscheidungsfindung und dem Controlling im Rahmen der Haushaltsplanung eine wichtige Rolle spielen. Es ist jedoch wichtig zu beachten, dass Kennzahlen immer im Kontext betrachtet werden sollten und keine abschließende Beurteilung der finanziellen Gesundheit einer Kommune darstellen.

Produktorientierung

Die Produktorientierung im Haushaltsplan ist eine spezifische Form der Haushaltsführung und Budgetierung in der öffentlichen Verwaltung, einschließlich der Kommunalverwaltung. Bei der Produktorientierung wird der Haushalt nicht nur nach Ausgabenkategorien (z. B. Personal, Sachkosten, Investitionen) strukturiert, sondern auch nach den Leistungen oder Produkten, die die Verwaltung erbringt.

Im herkömmlichen, sogenannten "kameralistischen" Haushaltsplan sind die Ausgaben nach Funktionen und Aufgabenbereichen gegliedert. Das bedeutet, dass die Ausgaben in unterschiedliche Bereiche wie Bildung, Soziales, Infrastruktur usw. aufgeteilt sind. Die Ausgaben werden jedoch nicht direkt mit den damit erzielten Ergebnissen oder Leistungen verknüpft.

Im Gegensatz dazu fokussiert die Produktorientierung auf die sogenannten "Produkte" der Verwaltung, das sind die konkreten Leistungen oder Dienstleistungen, die die Verwaltung für die Bürgerinnen und Bürger oder andere Akteure erbringt. Dabei können Produkte sowohl originäre Verwaltungsleistungen wie Bildungsangebote oder Sozialleistungen sein, als auch betriebswirtschaftlich orientierte Produkte wie beispielsweise der Betrieb eines kommunalen Freibads.

In einem produktorientierten Haushaltsplan werden die Ausgaben und Erträge nach den einzelnen Produkten aufgeschlüsselt, und es wird sichtbar, wie viel Geld für die Erbringung einer bestimmten Leistung vorgesehen ist. Das ermöglicht eine transparente Darstellung der Kosten und Leistungen und erlaubt eine bessere Steuerung und Kontrolle der Verwaltung.

Die Einführung einer Produktorientierung im Haushaltsplan erfordert oft eine umfassende Reform der Haushaltsführung und eine Anpassung der Haushaltsstrukturen. Sie kann jedoch dazu beitragen, die Effizienz und Wirksamkeit der Verwaltung zu steigern, indem die Fokussierung auf die tatsächlich erbrachten Leistungen verstärkt wird und Budgetentscheidungen auf Basis der Produktziele getroffen werden können.

Die Haushaltsrede

Die Haushaltsrede ist eine bedeutende Rede, die von den Bürgermeistern oder den Vorsitzenden der Gemeinderäte oder Kreistage während der Haushaltssitzung gehalten wird. Diese Rede markiert den Beginn der Haushaltsdebatte und beinhaltet eine umfassende Darstellung des Haushaltsplans und der finanzpolitischen Ziele der Kommune für das kommende Jahr.

Die Haushaltsrede hat in der Regel folgende Ziele:

Präsentation des Haushaltsplans: Die Haushaltsrede dient dazu, den vom Bürgermeister oder der Bürgermeisterin bzw. dem Vorsitzenden des Gemeinderats vorgelegten Haushaltsplan vorzustellen. Dabei werden die geplanten Einnahmen und Ausgaben erläutert sowie die Prioritäten und Schwerpunkte der Finanzpolitik erläutert.

Erläuterung politischer Ziele: In der Haushaltsrede werden auch die politischen Ziele und Vorhaben der Kommunalregierung für das kommende Jahr erläutert. Hierbei wird oft auf die Erreichung der Ziele aus dem kommunalen Leitbild oder dem Koalitionsvertrag Bezug genommen.

Transparenz und Bürgerbeteiligung: Die Haushaltsrede soll die Transparenz und Bürgerbeteiligung in der Haushaltsplanung fördern, indem den Bürgern die finanzpolitischen Entscheidungen und Prioritäten der Kommune vermittelt werden.

Rechenschaftslegung: Die Haushaltsrede kann auch als eine Art Rechenschaftslegung über die bisherige Haushaltspolitik und die Umsetzung der im Vorjahr beschlossenen Maßnahmen dienen.

Ob die Haushaltsrede eine Pflicht ist, hängt von den jeweiligen gesetzlichen Bestimmungen des Bundeslandes und der Kommune ab. In einigen Bundesländern ist die Haushaltsrede gesetzlich vorgeschrieben und muss von den Bürgermeistern oder den Vorsitzenden des Gemeinderats oder Kreistags gehalten werden. In anderen Ländern und Kommunen kann sie eine freiwillige Praxis sein, die jedoch oft aus politischen Gründen gepflegt wird, um die Bürgerinnen und Bürger über die Haushaltsplanung zu informieren.

Unabhängig von der Pflicht oder Freiwilligkeit kann die Haushaltsrede eine wichtige Gelegenheit für die Kommunalpolitiker sein, ihre finanzpolitischen Ziele und Prioritäten zu kommunizieren und die Bürgerschaft über die Haushaltsplanung zu informieren.

Kommunale Entwicklung und Stadtplanung

Stadtentwicklungskonzepte und -projekte

Stadtentwicklungskonzepte und -projekte sind Instrumente der Kommunalpolitik, die darauf abzielen, die städtebauliche Entwicklung und das Wachstum einer Gemeinde oder Stadt zu planen, zu steuern und zu gestalten. Diese Konzepte und Projekte sind wichtig, um die Zukunftsperspektiven einer Stadt zu definieren, die Lebensqualität der Bürgerinnen und Bürger zu verbessern, wirtschaftliche Chancen zu fördern, soziale Herausforderungen zu bewältigen und eine nachhaltige Entwicklung zu gewährleisten. Hier sind einige Aspekte von Stadtentwicklungskonzepten und -projekten:

Stadtentwicklungskonzepte:

Gesamtperspektive: Stadtentwicklungskonzepte haben einen langfristigen Horizont und fassen die strategischen Ziele und Leitlinien zusammen, die die Stadt in den kommenden Jahren verfolgen möchte. Sie berücksichtigen dabei die demografische Entwicklung, wirtschaftliche

102

Trends, soziale Bedürfnisse und ökologische Herausforderungen.

Bürgerbeteiligung: Eine erfolgreiche Stadtentwicklung erfordert die Beteiligung der Bürgerinnen und Bürger. Daher werden Stadtentwicklungskonzepte oft in partizipativen Prozessen erarbeitet, bei denen die Meinungen und Ideen der Bürgerinnen und Bürger einbezogen werden.

Interdisziplinäre Zusammenarbeit: Die Erstellung von Stadtentwicklungskonzepten erfordert die Zusammenarbeit verschiedener Fachbereiche, wie Stadtplanung, Verkehr, Umwelt, Bildung und Soziales. Ein integrierter Ansatz ist entscheidend, um eine umfassende Stadtentwicklung zu gewährleisten.

Stadtentwicklungsprojekte:

Umsetzung der Konzepte: Stadtentwicklungsprojekte setzen die in den Stadtentwicklungskonzepten formulierten Ziele in die Praxis um. Dies können beispielsweise Infrastrukturprojekte, Sanierungsmaßnahmen, Neubaugebiete, Grünflächen, Kultur- und Freizeiteinrichtungen sein.

Finanzierung: Die Finanzierung von Stadtentwicklungsprojekten erfolgt in der Regel aus verschiedenen Quellen, wie dem städtischen Haushalt, Fördermitteln von Bund und Ländern, privaten Investitionen oder öffentlich-privaten Partnerschaften.

Nachhaltigkeit: Stadtentwicklungsprojekte streben oft nach einer nachhaltigen Entwicklung, die ökologische, soziale und wirtschaftliche Aspekte berücksichtigt. Dies kann die Förderung des öffentlichen Nahverkehrs, den Ausbau erneuerbarer Energien, die Schaffung von bezahlbarem Wohnraum oder die Entwicklung von Grünflächen beinhalten.

Monitoring und Evaluation: Die Wirksamkeit von Stadtentwicklungsprojekten wird regelmäßig überwacht und evaluiert, um sicherzustellen, dass die gesetzten Ziele erreicht werden und gegebenenfalls Anpassungen vorgenommen werden können.

Stadtentwicklungskonzepte und -projekte sind ein dynamischer Prozess, der kontinuierlich an die Veränderungen und Bedürfnisse einer Stadt angepasst werden muss. Sie sind entscheidend, um die Attraktivität und Lebensqualität einer Stadt langfristig zu erhalten und den

Bedürfnissen der Bürgerinnen und Bürger gerecht zu werden.

Herausforderungen der städtischen Entwicklung

Die städtische Entwicklung bringt eine Vielzahl von Herausforderungen mit sich, die es zu bewältigen gilt, um eine nachhaltige und lebenswerte Zukunft für Städte zu gewährleisten. Hier sind einige der wichtigsten Herausforderungen der städtischen Entwicklung:

Bevölkerungswachstum und Urbanisierung: Viele Städte erleben ein starkes Bevölkerungswachstum und eine zunehmende Urbanisierung. Dies führt zu einer steigenden Nachfrage nach Wohnraum, Infrastruktur, Bildungs- und Gesundheitseinrichtungen sowie anderen öffentlichen Dienstleistungen.

Flächenknappheit: In vielen städtischen Gebieten ist die Fläche begrenzt, was die Entwicklung neuer Wohn- und Gewerbegebiete erschwert. Eine effiziente und nachhaltige Nutzung des vorhandenen Raums ist daher eine Herausforderung.

Verkehr und Mobilität: Mit dem Wachstum der Städte steigt auch die Belastung des Verkehrs. Staus, Luftverschmutzung und mangelnde Mobilitätsoptionen sind Herausforderungen, die es zu bewältigen gilt.

Umweltbelastung und Nachhaltigkeit: Die städtische Entwicklung kann negative Auswirkungen auf die Umwelt haben, wie etwa den Verlust von Grünflächen, die Versiegelung von Böden, die Luft- und Wasserverschmutzung. Es ist wichtig, nachhaltige und umweltfreundliche Entwicklungskonzepte zu fördern.

Soziale Ungleichheit und Gentrifizierung: Die städtische Entwicklung kann zu sozialer Ungleichheit führen, indem sie bestimmte Bevölkerungsgruppen verdrängt oder den Zugang zu bezahlbarem Wohnraum erschwert. Gentrifizierung und soziale Segregation sind daher Herausforderungen, die es zu adressieren gilt.

Finanzielle Herausforderungen: Städte stehen oft vor finanziellen Herausforderungen, um die notwendige Infrastruktur und Dienstleistungen bereitzustellen. Die Finanzierung von städtischen Entwicklungsprojekten erfordert sorgfältige Planung und eine angemessene Nutzung von Ressourcen.

Klimawandel: Der Klimawandel stellt eine wachsende Bedrohung für städtische Gebiete dar, da sie anfällig für extreme Wetterereignisse wie Hitzewellen, Überschwemmungen und Stürme sind. Die Anpassung an den Klimawandel und der Einsatz von Maßnahmen zur Eindämmung des CO_2-Ausstoßes sind wichtige Herausforderungen.

Digitalisierung: Die zunehmende Digitalisierung stellt Städte vor die Herausforderung, ihre Infrastruktur und Dienstleistungen an die sich verändernden technologischen Entwicklungen anzupassen und die digitale Kluft zu überwinden.

Die Bewältigung dieser Herausforderungen erfordert eine integrative und langfristige Planung und die Zusammenarbeit verschiedener Akteure, darunter die Kommunalverwaltung, die Politik, die Zivilgesellschaft und die Wirtschaft.

Eine partizipative und nachhaltige Stadtentwicklungspolitik ist entscheidend, um die Lebensqualität in städtischen Gebieten zu verbessern und eine lebenswerte Zukunft für alle Bewohnerinnen und Bewohner zu schaffen.

Lokale Demokratie und Bürgerbeteiligung

Bürgerbeteiligungsmöglichkeiten und -initiativen

Bürgerbeteiligung ist ein wesentlicher Bestandteil einer lebendigen und funktionierenden Demokratie. Sie ermöglicht es den Bürgerinnen und Bürgern, aktiv an politischen Entscheidungsprozessen teilzunehmen, ihre Interessen zu vertreten und die Entwicklung ihrer Gemeinde oder Stadt mitzugestalten. Es gibt verschiedene Bürgerbeteiligungsmöglichkeiten und -initiativen, die es den Menschen ermöglichen, ihre Stimme zu erheben und einen Beitrag zur kommunalen Politik zu leisten:

Öffentliche Diskussionsveranstaltungen: Kommunen veranstalten oft öffentliche Diskussionsrunden, Bürgerforen, Workshops oder Bürgerversammlungen, bei denen die Bürgerinnen und Bürger ihre Ideen, Anliegen und Meinungen zu bestimmten Themen einbringen können. Diese Veranstaltungen bieten eine Plattform für den offenen Austausch zwischen Politik, Verwaltung und den Menschen vor Ort.

Bürgerbefragungen und Umfragen: Bürgerbefragungen und Umfragen werden genutzt, um die Meinung der Bürgerinnen und Bürger zu spezifischen Themen oder Projekten einzuholen. Die Ergebnisse werden in die Entscheidungsfindung einbezogen und können als Grundlage für politische Entscheidungen dienen.

Petitionen: Bürgerinnen und Bürger können Petitionen initiieren, in denen sie bestimmte Anliegen oder Forderungen formulieren und diese durch Unterschriften unterstützen. Diese Petitionen werden an politische Entscheidungsträger weitergeleitet und können eine größere öffentliche Aufmerksamkeit auf bestimmte Themen lenken.

Bürgerhaushalte: Ein Bürgerhaushalt ermöglicht es den Bürgern, über einen Teil des kommunalen Haushalts mitzuentscheiden. Die Bürgerinnen und Bürger können Vorschläge für Projekte oder Maßnahmen einreichen und darüber abstimmen, welche Projekte tatsächlich umgesetzt werden.

Bürgerinitiativen: Bürgerinitiativen sind unabhängige Gruppen von Bürgerinnen und Bürgern, die sich für bestimmte Anliegen oder Projekte engagieren. Sie setzen sich beispielsweise für den Erhalt von Grünflächen, den

Umweltschutz oder soziale Belange ein und können politischen Druck ausüben, um ihre Ziele zu erreichen.

Online-Plattformen und Beteiligungsportale: Viele Kommunen bieten Online-Plattformen und Beteiligungsportale an, auf denen die Bürgerinnen und Bürger Ideen einreichen, Meinungen äußern und sich an Diskussionen beteiligen können.

Bürgerbeteiligungsmöglichkeiten und -initiativen sind wichtige Instrumente, um die politische Teilhabe und das Engagement der Bürgerinnen und Bürger zu fördern. Sie ermöglichen es den Menschen, direkt Einfluss auf die politischen Entscheidungen zu nehmen und sich aktiv in die Gestaltung ihrer Stadt oder Gemeinde einzubringen.

Durch eine vielfältige und inklusive Bürgerbeteiligung können demokratische Prozesse gestärkt, die Qualität von Entscheidungen verbessert und das Vertrauen in die kommunale Politik gestärkt werden.

Bürgerbegehren und Bürgerentscheide

Bürgerbegehren und Bürgerentscheide sind wichtige Instrumente der direkten Demokratie auf kommunaler Ebene. Sie ermöglichen den Bürgerinnen und Bürgern, aktiv an politischen Entscheidungsprozessen teilzunehmen und über bestimmte Angelegenheiten in ihrer Gemeinde oder Stadt direkt abzustimmen. Hier sind einige Informationen über Bürgerbegehren und Bürgerentscheide:

Bürgerbegehren:

Definition: Ein Bürgerbegehren ist eine Initiative von Bürgerinnen und Bürgern, bei der eine bestimmte Angelegenheit in der Kommunalpolitik auf die Tagesordnung gesetzt werden soll. Die Bürgerinnen und Bürger sammeln Unterschriften, um ihre Forderung zu unterstützen und die Verwirklichung eines bestimmten Ziels oder Vorhabens zu erreichen.

Themen: Die Themen von Bürgerbegehren können vielfältig sein und reichen von infrastrukturellen Projekten, wie zum Beispiel der Bau oder die Sanierung öffentlicher

Gebäude oder Straßen, bis hin zu sozialen oder kulturellen Anliegen.

Unterschriften: Um ein Bürgerbegehren zu initiieren, müssen in der Regel eine bestimmte Anzahl von Unterschriften von Bürgerinnen und Bürgern gesammelt werden. Die genaue Anzahl der benötigten Unterschriften kann je nach kommunaler Satzung oder Landesrecht variieren.

Bürgerentscheide:

Definition: Wenn ein ausreichendes Quorum an Unterschriften für ein Bürgerbegehren erreicht wird, wird ein Bürgerentscheid abgehalten. Dabei sind alle wahlberechtigten Bürgerinnen und Bürger aufgerufen, in einer Abstimmung über die vom Bürgerbegehren aufgeworfene Frage oder Forderung zu entscheiden.

Voraussetzungen: Damit ein Bürgerentscheid gültig ist, müssen in der Regel bestimmte Voraussetzungen erfüllt sein, wie zum Beispiel eine Mindestbeteiligung der wahlberechtigten Bürgerinnen und Bürger.

Ergebnis: Das Ergebnis eines Bürgerentscheids ist rechtlich bindend, sofern die rechtlichen Voraussetzungen erfüllt sind. Das bedeutet, dass die politischen Entscheidungsträger verpflichtet sind, das Ergebnis des Bürgerentscheids umzusetzen.

Bürgerbegehren und Bürgerentscheide stärken die Partizipation der Bürgerinnen und Bürger in der Kommunalpolitik und ermöglichen es ihnen, direkten Einfluss auf wichtige Entscheidungen zu nehmen. Sie fördern die Transparenz, stärken das Vertrauen in die kommunalen Institutionen und fördern eine lebendige Demokratie.

Allerdings können Bürgerbegehren und Bürgerentscheide auch kontroverse Diskussionen und unterschiedliche Standpunkte auslösen, da sie manchmal zu Konflikten zwischen politischen Interessen und den Anliegen der Bürgerinnen und Bürger führen können. Eine ausgewogene Regelung und angemessene Kommunikation sind daher wichtig, um sicherzustellen, dass diese Instrumente der direkten Demokratie effektiv und demokratisch genutzt werden.

Kommunikation und Öffentlichkeitsarbeit

Rolle der Medien in der Kommunalpolitik

Die Medien spielen eine entscheidende Rolle in der Kommunalpolitik, da sie eine Brücke zwischen den politischen Akteuren, den Bürgern und der Öffentlichkeit bilden. Ihre Rolle kann sowohl informierend als auch kontrollierend sein und beeinflusst maßgeblich die Wahrnehmung und das Verständnis der Kommunalpolitik in der Gesellschaft. Hier sind einige Aspekte, die die Rolle der Medien in der Kommunalpolitik charakterisieren:

Informationsvermittlung: Die Medien haben die Aufgabe, Informationen über kommunale Angelegenheiten und politische Entwicklungen zu sammeln und sie der Öffentlichkeit zugänglich zu machen. Durch Berichterstattung in Zeitungen, Online-Nachrichtenportalen, Radio- und Fernsehsendungen informieren sie die Bürgerinnen und Bürger über kommunale Projekte, politische Entscheidungen, Bürgerbeteiligungen und aktuelle Themen.

Transparenz und Kontrolle: Die Medien tragen zur Transparenz in der Kommunalpolitik bei, indem sie politische

Prozesse und Entscheidungen kritisch hinterfragen und die Verantwortlichen zur Rechenschaft ziehen. Investigativer Journalismus kann dazu beitragen, Korruption oder Missmanagement aufzudecken und das Vertrauen der Öffentlichkeit in die politischen Institutionen zu stärken.

Öffentliche Debatte und Meinungsbildung: Die Medien fördern die öffentliche Debatte über kommunale Angelegenheiten und ermöglichen es den Bürgern, sich aktiv in politische Diskussionen einzubringen. Sie bieten Plattformen für Meinungsäußerungen, Leserbriefe, Kommentare und Gastbeiträge, die die Vielfalt der Standpunkte und Meinungen widerspiegeln.

Interessenvertretung und Lobbying: Medien können auch als Interessenvertreter und Lobbyisten in der Kommunalpolitik auftreten. Bestimmte Medien können eine politische Agenda verfolgen und gezielt für oder gegen bestimmte politische Positionen eintreten.

Meinungsbildung und Beeinflussung: Die Art und Weise, wie Medien über politische Themen berichten, kann die Meinungsbildung der Bevölkerung beeinflussen. Die Medien haben die Macht, öffentliche Meinungen zu prägen und politische Debatten zu beeinflussen.

116

Kommunikationsplattform für Politiker: Die Medien bieten Politikern eine Plattform, um ihre politischen Ideen und Programme zu kommunizieren und mit der Öffentlichkeit in Kontakt zu treten. Pressekonferenzen, Interviews und Medienauftritte sind wichtige Instrumente für die politische Kommunikation.

Die Rolle der Medien in der Kommunalpolitik ist von großer Bedeutung, da sie zur Demokratisierung des politischen Prozesses beiträgt und eine kritische Öffentlichkeit schafft. Gleichzeitig müssen Medien eine verantwortungsvolle Berichterstattung gewährleisten, um Fehlinformationen und Manipulationen zu vermeiden und die demokratischen Werte zu stärken. Die Förderung der Medienkompetenz der Bürgerinnen und Bürger ist ebenfalls wichtig, damit sie kritisch mit den Informationen umgehen können, die sie aus den Medien erhalten.

Öffentlichkeitsarbeit für die kommunalen Projekte und Maßnahmen

Öffentlichkeitsarbeit spielt eine zentrale Rolle bei der Umsetzung von kommunalen Projekten und Maßnahmen. Sie dient dazu, die Bürgerinnen und Bürger über geplante Vorhaben zu informieren, ihre Beteiligung zu fördern, Akzeptanz für politische Entscheidungen zu gewinnen und das Verständnis für die Ziele und Notwendigkeiten der Projekte zu erhöhen. Eine erfolgreiche Öffentlichkeitsarbeit trägt dazu bei, das Vertrauen der Bevölkerung in die kommunalen Institutionen zu stärken und die Legitimität der politischen Entscheidungen zu erhöhen. Hier sind einige Aspekte der Öffentlichkeitsarbeit für kommunale Projekte und Maßnahmen:

Transparenz und Information: Die Öffentlichkeitsarbeit sollte darauf abzielen, alle relevanten Informationen über das Projekt oder die Maßnahme verständlich und umfassend zu kommunizieren. Dies beinhaltet die Darstellung der Ziele, den zeitlichen Ablauf, die finanziellen Aspekte, die potenziellen Auswirkungen auf die Bürgerinnen und Bürger sowie die geplanten Maßnahmen zur Bürgerbeteiligung.

Zielgruppenorientierte Kommunikation: Die Öffentlichkeitsarbeit sollte auf die Bedürfnisse und Interessen der verschiedenen Zielgruppen abgestimmt sein. Es ist wichtig, die Kommunikation in einer für die Bürgerinnen und Bürger verständlichen Sprache zu gestalten und die Informationen über verschiedene Kanäle zugänglich zu machen, wie zum Beispiel in Zeitungen, auf der Website der Kommune, in sozialen Medien oder durch Informationsveranstaltungen.

Partizipation und Dialog: Die Einbindung der Bürgerinnen und Bürger in den Planungsprozess und die Entscheidungsfindung ist ein zentraler Bestandteil der Öffentlichkeitsarbeit. Bürgerbeteiligung kann durch Informationsveranstaltungen, Diskussionsforen, Workshops oder Online-Plattformen gefördert werden, um Meinungen und Anliegen der Bürgerinnen und Bürger aktiv einzubeziehen.

Krisenkommunikation: In Zeiten von Konflikten oder Kontroversen rund um ein Projekt ist eine professionelle Krisenkommunikation entscheidend. Offene Kommunikation über Herausforderungen und Lösungsansätze kann dazu beitragen, Missverständnisse zu vermeiden und Vertrauen wiederherzustellen.

Erfolgskommunikation: Wenn ein Projekt oder eine Maßnahme erfolgreich abgeschlossen wurde, ist es wichtig, die Ergebnisse und Erfolge öffentlich zu kommunizieren. Dies stärkt das Vertrauen der Bürgerinnen und Bürger in die Fähigkeit der kommunalen Institutionen, effektiv zu handeln und ihre Versprechen zu halten.

Kontinuierliche Kommunikation: Die Öffentlichkeitsarbeit sollte über den gesamten Lebenszyklus eines Projekts hinweg kontinuierlich sein. Die regelmäßige Kommunikation über den Fortschritt, mögliche Veränderungen und die Umsetzung der geplanten Maßnahmen hält die Bürgerinnen und Bürger informiert und auf dem Laufenden.

Eine wirksame Öffentlichkeitsarbeit trägt dazu bei, dass kommunale Projekte und Maßnahmen erfolgreicher umgesetzt werden können, da sie das Verständnis, die Unterstützung und die Akzeptanz der Bürgerinnen und Bürger fördert. Sie ist ein zentrales Instrument für eine transparente und partizipative Kommunalpolitik, die den Bedürfnissen und Anliegen der Menschen vor Ort gerecht wird.

Interkommunale Zusammenarbeit

Kooperation zwischen verschiedenen Kommunen

Die Kooperation zwischen verschiedenen Kommunen ist ein wichtiger Ansatz, um gemeinsame Herausforderungen zu bewältigen, Synergien zu nutzen und effizientere Lösungen für regionale Probleme zu finden. Die Zusammenarbeit zwischen Kommunen kann auf unterschiedlichen Ebenen und in verschiedenen Bereichen stattfinden. Hier sind einige Aspekte, die die Kooperation zwischen verschiedenen Kommunen charakterisieren:

Interkommunale Zusammenarbeit: Die Kooperation zwischen Kommunen erfolgt in der Regel auf freiwilliger Basis und wird oft als interkommunale Zusammenarbeit bezeichnet. Hierbei arbeiten Kommunen auf gleicher oder unterschiedlicher Verwaltungsebene, wie Städte, Gemeinden oder Landkreise, zusammen, um gemeinsame Projekte oder Maßnahmen umzusetzen.

Austausch von Know-how und Erfahrungen: Durch die Kooperation können Kommunen ihr Wissen und ihre Erfahrungen teilen, von den besten Praktiken anderer

Kommunen lernen und voneinander profitieren. Dies trägt dazu bei, dass Herausforderungen effektiver bewältigt und innovative Lösungsansätze entwickelt werden können.

Gemeinsame Planung und Entwicklung: Kommunen können bei der Planung und Entwicklung von Infrastruktur, Verkehr, Umweltschutz, Bildungseinrichtungen, Kultur- und Freizeitangeboten oder Wirtschaftsförderung zusammenarbeiten, um ihre Ressourcen optimal zu nutzen und die Lebensqualität für ihre Bürgerinnen und Bürger zu verbessern.

Kostenersparnis und Effizienz: Die Zusammenarbeit ermöglicht es den Kommunen, Kosten zu teilen und Ressourcen effizienter einzusetzen. Gemeinsame Beschaffung, gemeinsame Dienstleistungen oder der gemeinsame Betrieb von Einrichtungen können Kosten reduzieren und die Effizienz steigern.

Lobbyarbeit und Interessenvertretung: Durch die Kooperation können Kommunen ihre Interessen auf regionaler, nationaler oder internationaler Ebene stärker vertreten. Gemeinsame Interessen können gebündelt werden, um politischen Entscheidungsträgern gegenüber stärker auftreten zu können.

Regionale Entwicklung: Die Kooperation zwischen Kommunen trägt zur Stärkung der regionalen Zusammenarbeit und Identität bei. Regionale Entwicklungskonzepte können gemeinsam erarbeitet werden, um die Wettbewerbsfähigkeit und die Attraktivität der gesamten Region zu steigern.

Institutionelle Zusammenarbeit: Die Zusammenarbeit zwischen Kommunen kann durch kommunale Verbände, Zweckverbände oder ähnliche Organisationsformen institutionalisiert werden. Dadurch werden gemeinsame Projekte langfristig und verbindlich auf den Weg gebracht.

Die Kooperation zwischen verschiedenen Kommunen ist jedoch auch mit Herausforderungen verbunden, wie zum Beispiel unterschiedlichen Interessen, politischen Konflikten oder bürokratischen Hürden. Eine erfolgreiche Kooperation erfordert daher eine offene und vertrauensvolle Kommunikation, klare Zielsetzungen und die Bereitschaft, Kompromisse einzugehen. Eine gut funktionierende interkommunale Zusammenarbeit kann jedoch dazu beitragen, dass die Leistungsfähigkeit und Innovationskraft der Kommunen gestärkt wird und die Herausforderungen der Zukunft erfolgreich bewältigt werden können.

Bildung von regionalen Verbänden und Zweckverbänden

Die Bildung von regionalen Verbänden und Zweckverbänden ist ein Instrument der interkommunalen Zusammenarbeit, das dazu dient, gemeinsame Herausforderungen zu bewältigen und regionale Aufgaben effizienter anzugehen.

Diese Zusammenschlüsse können auf freiwilliger Basis oder durch gesetzliche Regelungen erfolgen und ermöglichen den beteiligten Kommunen, ihre Ressourcen zu bündeln und Synergien zu nutzen. Hier sind einige Aspekte, die die Bildung von regionalen Verbänden und Zweckverbänden charakterisieren:

Zweck der Verbände: Regionale Verbände und Zweckverbände werden gebildet, um bestimmte Aufgaben oder Ziele gemeinsam zu verfolgen. Dies kann die Bereiche Infrastruktur, Verkehr, Wasserversorgung, Abwasserentsorgung, Müllentsorgung, Wirtschaftsförderung, Kultur, Bildung, Gesundheit oder Soziales umfassen. Die Aufgaben und Zuständigkeiten der Verbände werden in der Regel in einer Satzung oder einem Vertrag festgelegt.

Gemeinsame Planung und Entwicklung: Die regionalen Verbände und Zweckverbände ermöglichen den Kommunen eine gemeinsame Planung und Entwicklung von Projekten und Maßnahmen. Dadurch können regionale Bedürfnisse und Anliegen besser berücksichtigt werden, und es entstehen ganzheitliche Lösungsansätze.

Kooperation und Kostenersparnis: Durch die Zusammenarbeit in Verbänden können die beteiligten Kommunen Kosten teilen und Ressourcen effizienter nutzen. Gemeinsame Beschaffung, gemeinsame Dienstleistungen oder der gemeinsame Betrieb von Einrichtungen führen zu Kostenersparnissen und einer besseren Effizienz.

Stärkung der regionalen Identität: Die Bildung von regionalen Verbänden und Zweckverbänden trägt zur Stärkung der regionalen Zusammenarbeit und Identität bei. Die Kommunen arbeiten gemeinsam an regionalen Herausforderungen und entwickeln eine gemeinsame Perspektive.

Lobbyarbeit und Interessenvertretung: Die Verbände ermöglichen es den Kommunen, ihre Interessen auf regionaler, nationaler oder internationaler Ebene stärker zu vertreten. Gemeinsame Interessen können gebündelt und gegenüber politischen Entscheidungsträgern effektiver vertreten werden.

Institutionelle Zusammenarbeit: Die Bildung von regionalen Verbänden und Zweckverbänden führt zu einer institutionalisierten Zusammenarbeit. Dadurch werden gemeinsame Projekte langfristig und verbindlich auf den Weg gebracht.

Flexibilität und Anpassungsfähigkeit: Regionale Verbände und Zweckverbände können sich flexibel den sich ändernden Bedingungen und Herausforderungen anpassen. Sie ermöglichen eine schnelle Reaktion auf neue Entwicklungen und eine kontinuierliche Weiterentwicklung der Zusammenarbeit.

Die Bildung von regionalen Verbänden und Zweckverbänden bietet den Kommunen eine effektive Möglichkeit, regionale Herausforderungen gemeinsam anzugehen und die Lebensqualität für ihre Bürgerinnen und Bürger zu verbessern. Eine erfolgreiche interkommunale Zusammenarbeit erfordert jedoch eine klare Zielsetzung, eine offene Kommunikation und die Bereitschaft der beteiligten Kommunen, sich auf gemeinsame Ziele zu einigen und langfristig zusammenzuarbeiten.

Herausforderungen und Lösungsansätze

Finanzielle Herausforderungen und Möglichkeiten der Haushaltskonsolidierung

Finanzielle Herausforderungen:

Finanzielle Herausforderungen sind ein zentrales Thema für viele Kommunen, da sie oft mit begrenzten finanziellen Ressourcen arbeiten müssen, aber gleichzeitig die vielfältigen Bedürfnisse ihrer Bürgerinnen und Bürger erfüllen und die Infrastruktur aufrechterhalten müssen.

Haushaltskonsolidierung ist ein wichtiger Ansatz, um diese Herausforderungen zu bewältigen und die langfristige finanzielle Stabilität der Kommunen zu sichern. Hier sind einige finanzielle Herausforderungen und Möglichkeiten der Haushaltskonsolidierung:

Steigende Ausgaben: Kommunen stehen oft vor steigenden Ausgaben, insbesondere in den Bereichen Soziales, Bildung, Gesundheit und Infrastruktur.

Bevölkerungswachstum, demografische Veränderungen und neue gesetzliche Vorgaben können die Ausgaben erhöhen und den Haushalt belasten.

Möglichkeiten der Haushaltskonsolidierung:

Effizienzsteigerungen in der Verwaltung: Durch Prozessoptimierung, Digitalisierung und Bürokratieabbau können Verwaltungskosten reduziert werden.

Prüfung von Ausgaben: Kommunen können ihre Ausgaben regelmäßig überprüfen und nicht notwendige oder ineffiziente Ausgaben identifizieren und reduzieren.

Interkommunale Zusammenarbeit: Kooperationen zwischen Kommunen ermöglichen es, Kosten zu teilen und Ressourcen effizienter zu nutzen.

Rückgang der Einnahmen: Wirtschaftliche Abschwünge, Steuerausfälle oder Veränderungen in der regionalen Wirtschaft können zu einem Rückgang der Einnahmen führen und den Haushalt belasten.

Einnahmenseitige Maßnahmen: Kommunen können versuchen, ihre Einnahmen zu erhöhen, zum Beispiel durch die Erhöhung von Steuern, Gebühren oder Bußgeldern. Dabei ist jedoch Vorsicht geboten, um die finanzielle

Belastung für die Bürgerinnen und Bürger angemessen zu gestalten.

Wirtschaftsförderung: Eine aktive Wirtschaftsförderung kann dazu beitragen, die lokale Wirtschaft anzukurbeln und neue Einnahmequellen zu erschließen.

Investitionsbedarf: Viele Kommunen stehen vor einem hohen Investitionsbedarf, um die Infrastruktur zu modernisieren, Bildungseinrichtungen zu erneuern oder soziale Einrichtungen auszubauen.

Priorisierung von Projekten: Kommunen sollten ihre Investitionsprojekte sorgfältig priorisieren und diejenigen Projekte vorantreiben, die den größten Nutzen für die Bürgerinnen und Bürger bringen.

Kreditaufnahme: In manchen Fällen kann die Kreditaufnahme sinnvoll sein, um wichtige Investitionsprojekte zu finanzieren. Dabei ist jedoch darauf zu achten, dass die Schuldenlast langfristig tragbar bleibt.

Die Haushaltskonsolidierung erfordert eine langfristige strategische Planung und eine verantwortungsvolle Finanzpolitik. Kommunen sollten ihre Haushalte regelmäßig überprüfen, ihre Einnahmequellen diversifizieren, effizient mit Ressourcen umgehen und eine transparente Kommunikation mit den Bürgerinnen und Bürgern pflegen. Eine nachhaltige Haushaltspolitik ist entscheidend, um die finanzielle Stabilität und Handlungsfähigkeit der Kommunen langfristig zu sichern.

Umgang mit demografischem Wandel und Migration

Der demografische Wandel, der durch eine alternde Bevölkerung und einen Rückgang der Geburtenraten gekennzeichnet ist, stellt viele Kommunen vor große Herausforderungen. Gleichzeitig kann Migration eine wichtige Rolle spielen und Chancen bieten, um den demografischen Wandel zu bewältigen. Hier sind einige Aspekte des Umgangs mit dem demografischen Wandel und Migration:

Anpassung der Infrastruktur: Kommunen müssen ihre Infrastruktur den veränderten Bedürfnissen der Bevölkerung anpassen. Dazu gehört beispielsweise der barrierefreie Ausbau öffentlicher Einrichtungen für ältere Menschen oder die Schaffung von Kinderbetreuungseinrichtungen, um junge Familien zu unterstützen.

Generationenübergreifende Angebote: Kommunen können generationenübergreifende Angebote schaffen, die das Miteinander von Jung und Alt fördern und soziale Isolation verhindern. Gemeinsame Aktivitäten, Veranstaltungen und Treffpunkte können dazu beitragen, das Zusammengehörigkeitsgefühl zu stärken.

Wohnraum und Stadtentwicklung: Die Schaffung von bezahlbarem Wohnraum und die Entwicklung von quartiersbezogenen Konzepten, die verschiedene Generationen und Bevölkerungsgruppen berücksichtigen, sind wichtige Aspekte, um den demografischen Wandel zu bewältigen.

Pflege und Gesundheitsversorgung: Die Sicherstellung einer bedarfsgerechten Pflege- und Gesundheitsversorgung wird immer wichtiger, um den steigenden Bedürfnissen älterer Menschen gerecht zu werden.

Förderung der Integration und Teilhabe von Migranten: Migration kann einen Beitrag zur Bewältigung des demografischen Wandels leisten, indem sie den Arbeitsmarkt belebt und Fachkräfte gewinnt. Es ist wichtig, die Integration von Migranten zu fördern und ihnen Möglichkeiten zur aktiven Teilhabe in der Gesellschaft zu geben.

Interkulturelle Öffnung: Kommunen sollten sich für eine interkulturelle Öffnung und Vielfalt einsetzen. Dazu gehört auch die Förderung des interkulturellen Austauschs und der gegenseitigen Verständigung.

Bildung und Sprachförderung: Bildungsangebote und Sprachförderung sind entscheidend, um die Integration von Migranten zu unterstützen und ihre Teilhabe am gesellschaftlichen Leben zu erleichtern.

Der Umgang mit dem demografischen Wandel und Migration erfordert eine ganzheitliche und langfristige Strategie. Eine inklusive und partizipative Kommunalpolitik ist entscheidend, um die Bedürfnisse und Interessen aller Bevölkerungsgruppen zu berücksichtigen und die Herausforderungen des demografischen Wandels erfolgreich zu bewältigen.

Eine offene und transparente Kommunikation mit den Bürgerinnen und Bürgern ist dabei von großer Bedeutung, um gemeinsam Lösungsansätze zu entwickeln und die Zukunft der Kommune aktiv zu gestalten.

Nachhaltige Entwicklung und Umweltschutz

Nachhaltige Entwicklung und Umweltschutz sind von großer Bedeutung für die Kommunalpolitik, da sie dazu beitragen, eine lebenswerte und zukunftsfähige Umwelt für die Bürgerinnen und Bürger zu schaffen. Nachhaltige Entwicklung bedeutet, die Bedürfnisse der heutigen Generation zu erfüllen, ohne die Möglichkeiten zukünftiger Generationen zu beeinträchtigen. Hier sind einige Aspekte von nachhaltiger Entwicklung und Umweltschutz auf kommunaler Ebene:

Klimaschutz und Energieeffizienz: Kommunen können durch Maßnahmen wie den Ausbau erneuerbarer Energien, die Förderung von Energieeffizienz in Gebäuden und Verkehrsmitteln sowie den Ausstieg aus fossilen Brennstoffen einen wichtigen Beitrag zum Klimaschutz leisten.

Nachhaltige Mobilität: Die Förderung von umweltfreundlichen Verkehrsmitteln wie Fahrrad, öffentlichem Nahverkehr oder Elektromobilität reduziert den CO_2-Ausstoß und trägt zur Luftreinhaltung und Lärmminderung bei.

Schutz der Natur und Biodiversität: Kommunen können durch die Ausweisung von Naturschutzgebieten, Grünflächen und die Förderung einer vielfältigen Tier- und Pflanzenwelt zur Erhaltung der Biodiversität beitragen.

Nachhaltige Stadtplanung: Eine nachhaltige Stadtplanung berücksichtigt soziale, ökologische und ökonomische Aspekte und schafft lebenswerte, grüne und sozial integrierte Stadtviertel.

Kreislaufwirtschaft und Abfallvermeidung: Die Förderung von Abfallvermeidung, Recycling und einer nachhaltigen Kreislaufwirtschaft reduziert den Ressourcenverbrauch und minimiert die Umweltauswirkungen.

Wassermanagement: Der Schutz und die nachhaltige Nutzung von Wasserressourcen sind wichtige Aufgaben für Kommunen, um die Versorgungssicherheit zu gewährleisten und den Schutz vor Hochwasser zu verbessern.

Bildung und Sensibilisierung: Bildungs- und Sensibilisierungsmaßnahmen sind entscheidend, um das Umweltbewusstsein in der Bevölkerung zu stärken und die Bürgerinnen und Bürger zu nachhaltigem Handeln zu motivieren.

Um nachhaltige Entwicklung und Umweltschutz in der Kommunalpolitik zu fördern, ist eine langfristige und ganzheitliche Strategie erforderlich. Dabei ist die enge Zusammenarbeit mit der Zivilgesellschaft, Unternehmen und anderen Akteuren vor Ort von großer Bedeutung.

Die Schaffung von Anreizen für nachhaltiges Handeln, die Einbindung der Bürgerinnen und Bürger sowie eine transparente Kommunikation sind wichtige Elemente, um nachhaltige Entwicklung und Umweltschutz erfolgreich umzusetzen. Indem Kommunen ihren Beitrag leisten und eine Vorreiterrolle einnehmen, können sie dazu beitragen, globale Umweltprobleme zu bewältigen und eine nachhaltige Zukunft für die kommenden Generationen zu sichern.

„Best Practices" und Erfolgsgeschichten

Beispiele für erfolgreiche kommunale Projekte und Initiativen

Hier sind einige Beispiele für erfolgreiche kommunale Projekte und Initiativen:

Nachhaltige Energieversorgung: Eine Kommune setzt sich das Ziel, ihren Energiebedarf komplett aus erneuerbaren Energien zu decken. Dazu werden Windkraftanlagen und Solaranlagen auf kommunalem Gebiet errichtet, Energieeffizienzmaßnahmen in öffentlichen Gebäuden umgesetzt und Förderprogramme für Bürgerinnen und Bürger geschaffen, die ebenfalls auf erneuerbare Energien setzen wollen. Die Kommune wird so zu einem Vorreiter in Sachen Klimaschutz und trägt zur Reduzierung von CO_2-Emissionen bei.

Inklusive Stadtentwicklung: Eine Kommune setzt sich das Ziel, eine inklusive Stadtentwicklung zu fördern, die die Bedürfnisse aller Bürgerinnen und Bürger berücksichtigt. Es werden barrierefreie Infrastrukturen geschaffen, öffentliche Plätze und Gebäude werden so gestaltet, dass sie für Menschen mit Behinderungen leicht zugänglich sind. Zudem werden Maßnahmen ergriffen, um soziale Integration zu fördern und die Vielfalt in der Stadt zu stärken.

Stärkung der Bürgerbeteiligung: Eine Kommune führt eine Reihe von Maßnahmen ein, um die Bürgerbeteiligung zu stärken. Bürgerinnen und Bürger werden aktiv in die Planung von Projekten und Entscheidungsprozessen eingebunden. Dazu werden Bürgerforen, Online-Plattformen und Bürgerwerkstätten geschaffen, um Ideen, Anliegen und Kritik zu sammeln und in politische Entscheidungen einzubringen.

Förderung von nachhaltiger Mobilität: Eine Kommune fördert nachhaltige Mobilität, indem sie den Ausbau des Fahrradnetzes vorantreibt, den öffentlichen Nahverkehr ausbaut und Maßnahmen für Elektromobilität einführt. Dadurch wird der Anteil des motorisierten Individualverkehrs reduziert, die Luftqualität verbessert und der Klimaschutz gefördert.

Gemeinschaftsgärten und Urban Gardening: Eine Kommune unterstützt die Entstehung von Gemeinschaftsgärten und Urban-Gardening-Projekten. Bürgerinnen und

Bürger können Brachflächen und ungenutzte Grundstücke für gemeinschaftliche Gärten nutzen, um lokale Lebensmittelproduktion und nachbarschaftliche Zusammenarbeit zu fördern.

Kultur- und Bildungsinitiativen: Eine Kommune fördert die kulturelle Vielfalt und Bildung durch die Unterstützung von Kunst- und Kulturprojekten sowie Bildungsangeboten für alle Altersgruppen. Durch kulturelle Veranstaltungen, Museen, Workshops und Bildungsprojekte wird das kulturelle Leben und das Bildungsangebot der Kommune bereichert.

Diese Beispiele zeigen, dass erfolgreiche kommunale Projekte und Initiativen vielfältige Bereiche abdecken können, darunter Umweltschutz, Stadtentwicklung, Bürgerbeteiligung, Mobilität, soziale Integration, Kultur und Bildung. Indem Kommunen innovative und zukunftsorientierte Projekte umsetzen, können sie positive Veränderungen für ihre Bürgerinnen und Bürger herbeiführen und eine nachhaltige Entwicklung vorantreiben.

Lektionen aus positiven Erfahrungen in anderen Kommunen

Aus den positiven Erfahrungen anderer Kommunen lassen sich wertvolle Lektionen für die eigene Kommunalpolitik ableiten. Hier sind einige wichtige Lektionen, die aus erfolgreichen Projekten und Initiativen anderer Kommunen gezogen werden können:

Mut zum Wandel: Erfolgreiche Kommunen haben den Mut, traditionelle Denkweisen und Herangehensweisen zu überdenken und innovative Lösungsansätze zu verfolgen. Sie sind bereit, neue Ideen auszuprobieren und bestehende Strukturen zu hinterfragen, um den Anforderungen der Zeit gerecht zu werden.

Interkommunale Zusammenarbeit: Kommunen, die erfolgreich mit anderen Gemeinden oder Landkreisen zusammenarbeiten, können von Synergien und gemeinsamen Ressourcen profitieren. Die Bereitschaft zur Kooperation und zum Austausch bewährter Praktiken stärkt die regionale Entwicklung und trägt zu nachhaltigen Lösungen bei.

Bürgerbeteiligung und Transparenz: Kommunen, die ihre Bürgerinnen und Bürger aktiv in politische Prozesse einbinden und eine transparente Kommunikation pflegen, schaffen Vertrauen und erhöhen die Akzeptanz für politische Entscheidungen. Bürgerbeteiligung ermöglicht es, lokale Bedürfnisse und Anliegen besser zu berücksichtigen.

Langfristige Planung und strategische Vision: Erfolgreiche Kommunen haben eine klare langfristige Planung und eine strategische Vision für ihre Entwicklung. Durch eine zielgerichtete Politik und einen langen Atem können nachhaltige Projekte umgesetzt werden, die langfristig positive Auswirkungen haben.

Kreativität und Innovation: Kommunen, die auf kreative Lösungen setzen und innovative Ideen entwickeln, können neue Wege einschlagen und Herausforderungen meistern. Die Förderung von Innovation und Kreativität in der Verwaltung und bei den Bürgerinnen und Bürgern trägt zu einem dynamischen und lebendigen Gemeinwesen bei.

Partizipation der Wirtschaft: Erfolgreiche Kommunen arbeiten eng mit der lokalen Wirtschaft zusammen, um wirtschaftliches Wachstum und Beschäftigung zu fördern. Eine enge Kooperation mit Unternehmen und Wirtschaftsverbänden ermöglicht es, die Bedürfnisse der Wirtschaft besser zu verstehen und gemeinsame Ziele zu verfolgen.

Kontinuierliche Evaluation und Anpassung: Kommunen, die den Erfolg ihrer Projekte und Initiativen kontinuierlich evaluieren und auf Veränderungen reagieren, können ihre Politik und Maßnahmen effektiver gestalten. Die Fähigkeit zur Anpassung an neue Entwicklungen und Bedürfnisse ist entscheidend, um langfristig erfolgreich zu sein.

Die Betrachtung positiver Erfahrungen aus anderen Kommunen kann dazu beitragen, von bewährten Praktiken zu lernen und erfolgreiche Ansätze in die eigene Kommunalpolitik zu integrieren. Der Austausch und die Zusammenarbeit zwischen verschiedenen Kommunen sind wertvolle Instrumente, um Herausforderungen gemeinsam zu meistern und eine nachhaltige Entwicklung voranzutreiben.

Vernetzung der Kommunalpolitiken mit den Medien

Die Vernetzung von Kommunalpolitiken mit den Medien spielt eine entscheidende Rolle in einer transparenten, partizipativen und effektiven Demokratie. Eine enge und angemessene Zusammenarbeit zwischen Kommunalpolitikern und Medien kann dazu beitragen, Bürger besser zu informieren, politische Diskussionen zu fördern und das Vertrauen in die politischen Entscheidungsprozesse zu stärken.

Hier sind einige Aspekte, die bei der richtigen Vernetzung von Kommunalpolitiken mit den Medien berücksichtigt werden sollten:

Transparenz und Zugänglichkeit: Politiker sollten darauf achten, dass sie für die Medienvertreter transparent und zugänglich sind. Regelmäßige Pressekonferenzen, Interviews und offene Diskussionsrunden können helfen, Informationen und Standpunkte zu vermitteln und Missverständnisse zu vermeiden.

Medienkompetenz: Politiker sollten eine gewisse Medienkompetenz entwickeln, um effektiv mit den Medien zu kommunizieren. Sie sollten verstehen, wie Nachrichten produziert werden, welche Zielgruppen die Medien ansprechen und wie sie ihre Botschaften klar und verständlich vermitteln können.

Respektvolle Beziehungen: Eine respektvolle Zusammenarbeit zwischen Politikern und Journalisten ist von entscheidender Bedeutung. Journalisten sollten Politikern mit Fairness und Unparteilichkeit begegnen, während Politiker die Rolle der Medien als kritische Kontrollinstanz respektieren sollten.

Klare Kommunikation: Politiker sollten ihre Botschaften klar und präzise kommunizieren, um Missverständnisse oder Fehlinformationen zu vermeiden. Sie sollten sich bemühen, komplexe politische Sachverhalte verständlich und anschaulich zu erklären.

Nutzung verschiedener Medienkanäle: Die heutige Medienlandschaft ist vielfältig, und Politiker sollten verschiedene Kanäle nutzen, um ihre Botschaften zu verbreiten. Neben traditionellen Medien wie Zeitungen und Fernsehen sollten sie auch soziale Medien und Online-Plattformen nutzen, um mit einer breiten Öffentlichkeit in Kontakt zu treten.

Krisenkommunikation: In Zeiten von Krisen oder Katastrophen ist eine effektive Kommunikation besonders wichtig. Politiker sollten bereit sein, zeitnah und transparent Informationen bereitzustellen, um die Öffentlichkeit zu beruhigen und richtig zu informieren.

Offenheit für Kritik: Politiker sollten Kritik aus den Medien nicht als Angriff sehen, sondern als Möglichkeit, ihre politischen Entscheidungen zu hinterfragen und zu verbessern. Eine offene und konstruktive Diskussion kann zu besseren Lösungen führen.

Faktenbasierte Berichterstattung: Politiker und Medien sollten sich gleichermaßen um eine faktenbasierte Berichterstattung bemühen. Politiker sollten fundierte Informationen bereitstellen, während Journalisten sorgfältige Recherche betreiben und Quellen verifizieren sollten.

Eine gute Zusammenarbeit zwischen Kommunalpolitikern und Medien kann zu einer informierten Bürgerschaft führen, die besser in der Lage ist, politische Entscheidungen zu verstehen und zu beurteilen. Letztendlich kann dies zu einer stärkeren Demokratie führen, in der Bürger aktiv am politischen Prozess teilnehmen und die Entwicklung ihrer Gemeinden mitgestalten können.

Die perfekte Pressmitteilung

Eine perfekte Pressemitteilung von Parteien und Fraktionen sollte bestimmte Elemente enthalten, um die Nachricht klar und wirkungsvoll zu kommunizieren. Hier sind einige wichtige Aspekte, die in einer guten Pressemitteilung von Fraktionen berücksichtigt werden sollten:

Überschrift: Die Überschrift sollte prägnant sein und das Hauptthema der Pressemitteilung klar und ansprechend vermitteln.

Einleitung: Die Einleitung sollte das Interesse der Leser wecken und die wichtigsten Informationen auf den Punkt bringen. Hier sollte bereits die Kernaussage der Pressemitteilung enthalten sein.

Inhalt: Der Hauptteil der Pressemitteilung sollte die relevanten Informationen und Fakten ausführlich darstellen. Es ist wichtig, klare Argumente und Belege für die Position der Fraktion zu liefern.

Zitate: Echte oder fiktive Zitate von Fraktionsmitgliedern können die Glaubwürdigkeit und Authentizität der Mitteilung stärken. Die Zitate sollten prägnant und aussagekräftig sein.

Hintergrundinformationen: Falls nötig, können Hintergrundinformationen oder Kontext zu dem Thema hinzugefügt werden, um den Lesern ein besseres Verständnis zu ermöglichen.

Kontaktinformationen: Die Pressemitteilung sollte die Kontaktdaten eines Ansprechpartners aus der Fraktion enthalten, damit Journalisten weitere Fragen stellen oder Interviews vereinbaren können.

Klare Sprache: Die Sprache sollte einfach, verständlich und frei von zu komplexen Fachbegriffen sein, damit die Mitteilung für ein breites Publikum zugänglich ist.

Struktur: Die Pressemitteilung sollte gut strukturiert sein, mit klaren Absätzen und Unterüberschriften, um die Lesbarkeit zu verbessern.

Länge: Eine Pressemitteilung sollte nicht zu lang sein, idealerweise nicht mehr als eine Seite. Wenn das Thema komplexer ist, kann auf eine begleitende Hintergrundinformation oder ein Faktenblatt verwiesen werden.

Aktualität: Pressemitteilungen sollten zeitnah verschickt werden, um sicherzustellen, dass sie aktuelle Informationen vermitteln.

Letztendlich sollte eine perfekte Pressemitteilung von Fraktionen die Kernbotschaft klar und überzeugend vermitteln, um das Interesse der Leser und der Medien zu wecken und die Position der Fraktion wirksam zu präsentieren.

Respektvoller Umgang unter den Fraktionen während einer Rats- oder Ausschusssitzung

Der richtige Umgang der Fraktionen während einer Ratssitzung ist von entscheidender Bedeutung, um eine effiziente, respektvolle und produktive Zusammenarbeit zu gewährleisten. Hier sind einige Richtlinien und bewährte Praktiken, die während einer Ratssitzung eingehalten werden sollten:

Respektvolles Verhalten: Fraktionsmitglieder sollten sich während der Sitzung respektvoll und höflich verhalten, sowohl gegenüber anderen Fraktionen als auch gegenüber den Bürgerinnen und Bürgern, die anwesend sind. Persönliche Angriffe oder Beleidigungen sollten vermieden werden.

Pünktlichkeit: Es ist wichtig, pünktlich zur Sitzung zu erscheinen und den Zeitplan einzuhalten. Verspätungen können den Ablauf der Sitzung stören und die Arbeitsatmosphäre belasten.

Strukturierte Redebeiträge: Fraktionsmitglieder sollten ihre Redebeiträge strukturiert und präzise gestalten, um ihre Standpunkte klar zu vermitteln und die Sitzung nicht unnötig in die Länge zu ziehen.

Einhaltung der Tagesordnung: Fraktionen sollten sich an die festgelegte Tagesordnung halten und sich nicht in irrelevanten Themen verlieren. Dadurch wird die Effizienz der Sitzung verbessert.

Fairer Umgang mit Anträgen und Vorschlägen: Fraktionen sollten Anträge und Vorschläge anderer Fraktionen fair und objektiv behandeln, unabhängig von ihrer eigenen politischen Ausrichtung.

Beteiligung an Debatten: Die Fraktionsmitglieder sollten sich aktiv an den Debatten beteiligen, ihre Standpunkte deutlich machen und bereit sein, auf Argumente anderer einzugehen.

Respekt für den Vorsitzenden: Der/die Vorsitzende der Ratssitzung sollte respektiert und bei seiner Arbeit unterstützt werden, um einen geordneten Ablauf zu gewährleisten.

Fokussierte Diskussion: Die Diskussion sollte sich auf das jeweilige Thema konzentrieren, und Fraktionsmitglieder sollten nicht vom Thema abweichen oder zu persönlichen Auseinandersetzungen übergehen.

Zusammenarbeit und Kompromissbereitschaft: Fraktionen sollten bereit sein, zusammenzuarbeiten und Kompromisse einzugehen, um gemeinsame Ziele zu erreichen und das Beste für die Gemeinde zu erreichen.

Einhaltung der Geschäftsordnung: Fraktionsmitglieder sollten die Geschäftsordnung der Ratssitzung respektieren und befolgen, um einen geordneten und rechtmäßigen Ablauf sicherzustellen.

Ein respektvoller und konstruktiver Umgang der Fraktionen während einer Ratssitzung ist entscheidend für eine erfolgreiche Zusammenarbeit und die effektive Umsetzung politischer Entscheidungen zugunsten der Gemeinde. Durch die Einhaltung dieser Richtlinien kann eine positive Arbeitsatmosphäre geschaffen werden, die zu besseren Ergebnissen und einem effizienten politischen Prozess führt.

Der überzeugende Auftritt während einer Rats- oder Ausschusssitzung

Ein überzeugender Auftritt während einer Rats- oder Ausschusssitzung kann einen großen Einfluss auf die politische Debatte und die Meinungsbildung haben. Hier sind einige Tipps, wie Sie einen überzeugenden Auftritt hinlegen können:

Vorbereitung ist entscheidend: Bereiten Sie Ihre Rede oder Ihre Argumente gründlich vor. Gehen Sie sicher, dass Sie die relevanten Fakten und Informationen parat haben, um Ihre Position zu stärken. Üben Sie Ihre Rede, um sicherzustellen, dass Sie klar und selbstbewusst auftreten.

Strukturierte Argumentation: Gliedern Sie Ihre Argumente in klare und nachvollziehbare Punkte. Beginnen Sie mit einer kurzen Einleitung, in der Sie das Thema erläutern und Ihre Position darlegen. Dann führen Sie Ihre Hauptargumente an und schließen Sie mit einer Zusammenfassung Ihrer Schlussfolgerung.

Klare und verständliche Sprache: Vermeiden Sie komplizierte Fachbegriffe oder politische Jargon. Verwenden Sie eine klare und verständliche Sprache, damit Ihre Botschaft gut ankommt.

Zeigen Sie Leidenschaft und Begeisterung: Lassen Sie Ihre Leidenschaft und Begeisterung für das Thema durchscheinen. Ein engagierter Vortrag kann Ihre Zuhörer emotional ansprechen und sie für Ihre Ideen gewinnen.

Zeigen Sie Respekt: Seien Sie respektvoll gegenüber anderen Meinungen, auch wenn Sie anderer Meinung sind. Vermeiden Sie persönliche Angriffe oder Abwertungen.

Nutzen Sie Geschichten und Beispiele: Geschichten und Beispiele können Ihre Argumente anschaulich machen und Ihre Zuhörer emotional ansprechen.

Blickkontakt und Körpersprache: Suchen Sie Blickkontakt mit Ihren Zuhörern und achten Sie auf Ihre Körpersprache. Eine offene und selbstbewusste Körpersprache kann Ihre Überzeugungskraft verstärken.

Zuhören und auf Fragen eingehen: Hören Sie aufmerksam zu, wenn andere sprechen, und reagieren Sie angemessen auf Fragen oder Kommentare. Zeigen Sie, dass Sie offen für den Dialog und die Zusammenarbeit sind. Vermeiden Sie zu langen Ausführungen: Halten Sie Ihre Rede prägnant und auf den Punkt. Lange Ausführungen können das Interesse Ihrer Zuhörer verlieren und die Effektivität Ihrer Argumente mindern.

Dank und Zusammenfassung: Schließen Sie Ihre Rede mit einem Dank an die Zuhörer und einer kurzen Zusammenfassung Ihrer wichtigsten Punkte.

Ein überzeugender Auftritt erfordert Übung und Selbstbewusstsein, aber wenn Sie Ihre Argumente klar, strukturiert und leidenschaftlich präsentieren, können Sie einen positiven Eindruck hinterlassen und Ihre Ideen erfolgreich vertreten.

Was ist der Schlüssel eines Kommunalpolitischen Erfolges

Der Schlüssel für einen kommunalpolitischen Erfolg kann von vielen Faktoren abhängen. Hier sind einige wesentliche Aspekte, die oft zu einem erfolgreichen Engagement in der Kommunalpolitik beitragen:

Verbundenheit mit der Gemeinschaft: Ein starkes Engagement für die Gemeinschaft, in der Sie tätig sind, ist von entscheidender Bedeutung. Eine enge Verbindung zu den Bürgerinnen und Bürgern ermöglicht es Ihnen, ihre Bedürfnisse und Anliegen besser zu verstehen und angemessen zu vertreten.

Klare Ziele und Vision: Ein erfolgreicher kommunalpolitischer Erfolg erfordert klare Ziele und eine Vision für die Entwicklung und Verbesserung der Gemeinde. Ihre Pläne sollten realistisch, umsetzbar und auf die Bedürfnisse der Menschen ausgerichtet sein.

Effektive Kommunikation: Die Fähigkeit, Ihre Ideen und Standpunkte klar und überzeugend zu kommunizieren, ist entscheidend. Eine offene und transparente Kommunikation mit den Bürgerinnen und Bürgern schafft

Vertrauen und kann Unterstützung für Ihre politischen Initiativen gewinnen.

Zusammenarbeit und Teamarbeit: Erfolgreiche kommunalpolitische Arbeit erfordert oft die Zusammenarbeit mit anderen politischen Akteuren, Parteien oder Interessengruppen. Die Fähigkeit zur Teamarbeit und Kompromissbereitschaft ist dabei von großem Vorteil.

Fachwissen und Kompetenz: Ein fundiertes Verständnis der politischen Prozesse, kommunaler Angelegenheiten und relevanter Themen ist essenziell, um effektiv in der Kommunalpolitik agieren zu können.

Beharrlichkeit und Ausdauer: Veränderungen in der Politik können oft Zeit in Anspruch nehmen und auf Widerstand stoßen. Beharrlichkeit und Ausdauer sind wichtige Eigenschaften, um langfristige Ziele zu erreichen und Rückschläge zu überwinden.

Lösungsorientierung: Ein erfolgreicher kommunalpolitischer Akteur ist in der Lage, praktikable Lösungen für bestehende Probleme und Herausforderungen zu entwickeln und umzusetzen.

Verantwortungsbewusstsein: Die Wahrnehmung von Verantwortung für Ihre politischen Entscheidungen und deren Auswirkungen auf die Gemeinschaft ist ein Zeichen von Integrität und Glaubwürdigkeit.

Unterstützung von Parteien und Wählern: Die Unterstützung von politischen Parteien, Wählerinnen und Wählern sowie von politischen Verbündeten kann den politischen Handlungsspielraum erweitern und den Erfolg fördern.

Es ist wichtig zu betonen, dass der Erfolg in der Kommunalpolitik von vielen individuellen Faktoren abhängt und nicht immer linear oder vorhersehbar ist. Jede Kommune und jede politische Situation sind einzigartig, daher kann es keine allgemeingültige Formel für den Erfolg geben. Eine Kombination aus Leidenschaft, Engagement, Kompetenz und dem richtigen Zeitpunkt kann jedoch oft den Unterschied machen.

Wie finde ich effizient die richtigen Themen in der Kommunalpolitik

Die Identifizierung der richtigen Themen in der Kommunalpolitik erfordert Zeit, Forschung und eine enge Verbindung mit der Gemeinschaft. Hier sind einige Schritte, die Ihnen helfen können, effizient die relevanten Themen zu finden:

Bürgerbefragung und Zuhören: Gehen Sie aktiv auf die Bürgerinnen und Bürger Ihrer Gemeinde zu, um ihre Anliegen und Bedürfnisse zu erfahren. Führen Sie Bürgerbefragungen, Townhall-Meetings oder öffentliche Diskussionsforen durch, um Feedback und Vorschläge der Menschen vor Ort zu sammeln.

Datenanalyse: Sammeln und analysieren Sie Daten zu verschiedenen sozialen, wirtschaftlichen und infrastrukturellen Aspekten Ihrer Gemeinde. Diese Daten können Ihnen wichtige Hinweise auf bestehende Probleme und Bedürfnisse geben.

Kommunikation mit Experten und Interessengruppen: Treten Sie in den Dialog mit Experten, Interessengruppen und lokalen Organisationen, die in verschiedenen Bereichen tätig sind, wie Umweltschutz, Bildung,

Gesundheitswesen, Wirtschaftsförderung usw. Diese Akteure können wertvolle Einblicke und Lösungsvorschläge liefern.

Analyse von aktuellen Entwicklungen: Bleiben Sie über die aktuellen Entwicklungen in Ihrer Gemeinde und der Gesellschaft im Allgemeinen auf dem Laufenden. Identifizieren Sie Themen, die aufgrund von Veränderungen in der Bevölkerungsstruktur, Technologie oder anderen Faktoren an Bedeutung gewinnen könnten.

Vergleich mit anderen Gemeinden: Schauen Sie sich an, welche Themen in ähnlichen Gemeinden oder Städten von Bedeutung sind. Dies kann Ihnen helfen, potenzielle Herausforderungen und Chancen in Ihrer eigenen Gemeinde zu identifizieren.

Priorisierung: Nachdem Sie potenzielle Themen identifiziert haben, priorisieren Sie diese nach ihrer Dringlichkeit und Wichtigkeit für die Gemeinde. Fokussieren Sie sich auf die Themen, die die größte Auswirkung auf das Wohl der Bürgerinnen und Bürger haben.

Einbeziehung der Gemeinschaft: Stellen Sie sicher, dass Sie die Identifizierung der Themen und die Planung von Lösungen gemeinsam mit der Gemeinschaft durchführen. Partizipation und Beteiligung der Bürgerinnen und Bürger fördern das Engagement und die Unterstützung für die politischen Maßnahmen.

Multisektorale Ansätze: Erkennen Sie die Verbindungen zwischen den verschiedenen Themenbereichen. Oft sind die Herausforderungen in der Kommunalpolitik interdisziplinär und erfordern einen ganzheitlichen Ansatz.

Flexibilität: Seien Sie bereit, sich an neue Entwicklungen anzupassen und die Agenda gegebenenfalls anzupassen, wenn sich die Prioritäten ändern.

Beratung und Zusammenarbeit: Suchen Sie Rat und Unterstützung von erfahrenen Kollegen, Beratern oder Experten in der Kommunalpolitik, um Ihre Entscheidungsfindung zu verbessern.

Indem Sie diese Schritte befolgen und auf die Bedürfnisse und Anliegen Ihrer Gemeinde eingehen, können Sie effizient die richtigen Themen in der Kommunalpolitik identifizieren und erfolgreiche Lösungen für Ihre Gemeinschaft entwickeln.

Sitzverteilung in den Räten und Gremien

Sitzverteilung nach Hare/Niemeyer

Die Sitzverteilung in den Räten und Gremien nach Hare/Niemeyer folgt dem Prinzip des Verhältniswahlrechts und ist ein mathematisches Verfahren zur gerechten Verteilung der Sitze anhand der Stimmenanteile der Parteien oder Wählergruppen. Dieses Verfahren wird in vielen Ländern und auf verschiedenen Ebenen, einschließlich kommunaler Räte und Gremien, angewendet.

Hier sind die grundlegenden Schritte der Sitzverteilung nach Hare/Niemeyer:

Stimmenanzahl: Zunächst werden die Gesamtstimmenzahlen für alle Parteien oder Wählergruppen ermittelt. Dabei werden die Stimmen, die eine Partei oder Wählergruppe erhalten hat, summiert.

Quotenberechnung: Die Hare- oder Niemeyer-Quote wird berechnet, indem man die Gesamtzahl der Stimmen durch die Anzahl der zu vergebenden Sitze im Rat oder Gremium teilt. Das Ergebnis ist die Quotientenzahl, die angibt, wie viele Stimmen eine Partei oder Wählergruppe benötigt, um einen Sitz zu erhalten.

Sitzverteilung: Anschließend werden die Sitze den Parteien oder Wählergruppen entsprechend ihrer Quotienten-Zahlen zugeteilt. Dabei werden die Sitze in der Regel den Parteien oder Wählergruppen mit den höchsten Quotienten-Zahlen zuerst vergeben, bis alle Sitze vergeben sind.

Restsitzverteilung: Nachdem die Sitze gemäß den Quotienten- Zahlen verteilt wurden, kann es zu Restsitzen kommen, wenn nicht alle Sitze durch ganze Zahlen aufgeteilt werden können. In diesem Fall werden die Restsitze den Parteien oder Wählergruppen mit den höchsten Nachkommastellen ihrer Quotienten-Zahlen zugeteilt, bis alle Sitze vergeben sind.

Die Sitzverteilung nach Hare/Niemeyer zielt darauf ab, die Sitze im Rat oder Gremium fair auf die Parteien oder Wählergruppen zu verteilen, um eine möglichst repräsentative Zusammensetzung zu gewährleisten.

Es ist wichtig zu beachten, dass die konkrete Anwendung des Verfahrens je nach den spezifischen rechtlichen Bestimmungen und Wahlgesetzen in einem Land oder einer

Kommune variieren kann. Das Hare/Niemeyer-Verfahren ist eines der bekanntesten und am häufigsten verwendeten Verfahren zur Sitzverteilung nach dem Verhältniswahlrecht.

Sitzverteilung nach d`Hondt

Die Sitzverteilung in den Räten und Gremien nach dem d'Hondt-Verfahren folgt ebenfalls dem Prinzip des Verhältniswahlrechts und ist ein mathematisches Verfahren zur gerechten Verteilung der Sitze anhand der Stimmenanteile der Parteien oder Wählergruppen.

Das d'Hondt-Verfahren ist in vielen Ländern und auf verschiedenen Ebenen, einschließlich kommunaler Räte und Gremien, eine verbreitete Methode der Sitzverteilung.

Hier sind die grundlegenden Schritte der Sitzverteilung nach dem d'Hondt-Verfahren:

Stimmenanzahl: Zunächst werden die Gesamtstimmenzahlen für alle Parteien oder Wählergruppen ermittelt. Dabei werden die Stimmen, die eine Partei oder Wählergruppe erhalten hat, summiert.

Divisorberechnung: Der Divisor wird berechnet, indem die Gesamtstimmenzahl einer Partei durch die Anzahl der Sitze plus 1 geteilt wird. Dieser Vorgang wird für alle Parteien durchgeführt, die an der Wahl teilgenommen haben.

Verteilung der Sitze: Die Sitze werden den Parteien entsprechend der höchsten Quotientenzahl zugeteilt. Die Partei mit der höchsten Quotientenzahl erhält den ersten Sitz. Anschließend wird der Divisor für diese Partei durch die Anzahl der erhaltenen Sitze plus 1 erhöht, und der Vorgang wird wiederholt, um den nächsten Sitz zu verteilen. Dieser Prozess wird so lange wiederholt, bis alle Sitze vergeben sind.

Das d'Hondt-Verfahren zeichnet sich dadurch aus, dass es größere Parteien tendenziell bevorzugt und kleinere Parteien benachteiligen kann, da diese in der Regel höhere Quotienten- Zahlen benötigen, um Sitze zu erhalten. Es ist jedoch auch ein relativ einfaches Verfahren, das in der Praxis gut angewendet werden kann.

Wie bei anderen Verfahren zur Sitzverteilung nach dem Verhältniswahlrecht kann die konkrete Anwendung des d'Hondt-Verfahrens je nach den spezifischen rechtlichen Bestimmungen und Wahlgesetzen in einem Land oder einer Kommune variieren. Die Sitzverteilung nach d'Hondt ist eine von mehreren Möglichkeiten, die angewendet werden können, um sicherzustellen, dass die Sitzverteilung im Rat oder Gremium dem Stimmenanteil der Parteien oder Wählergruppen entspricht.

Gemeindeordnung allgemein

Eine Gemeindeordnung ist ein rechtliches Regelwerk, das die Organisation und das Funktionieren einer Kommune oder Gemeinde regelt. Sie ist das grundlegende Gesetz, das die Zuständigkeiten, Rechte und Pflichten der kommunalen Organe, wie Gemeinderat, Bürgermeister und Verwaltung, festlegt. Gemeindeordnungen sind in vielen Ländern vorhanden und dienen dazu, die lokale Selbstverwaltung zu gewährleisten und eine geordnete Verwaltung auf kommunaler Ebene zu ermöglichen.

Die Gemeindeordnung definiert in der Regel die Struktur der Gemeinde und die Zuständigkeiten ihrer Organe. Sie legt fest, wie der Gemeinderat zusammengesetzt wird, wie die Mitglieder gewählt oder ernannt werden und welche Befugnisse und Aufgaben er hat. Der Bürgermeister oder die Bürgermeisterin wird ebenfalls in der Gemeindeordnung erwähnt und es werden oft seine oder ihre Zuständigkeiten und Pflichten festgelegt.

In vielen Gemeindeordnungen finden sich auch Regelungen zu Finanzen, Haushalt, Steuern und Abgaben, da die Kommunen eigene Einnahmequellen haben und über ihre Finanzen autonom entscheiden müssen.

Darüber hinaus können Gemeindeordnungen Bestimmungen über Bürgerbeteiligung, Bürgerrechte, Bürgerpflichten und Verfahren zur Bürgerbeteiligung bei bestimmten Entscheidungen enthalten.

Gemeindeordnungen variieren von Land zu Land und können sogar von Gemeinde zu Gemeinde unterschiedlich sein, abhängig von den lokalen Gesetzen und Bedürfnissen. Einige Länder haben auch allgemeine Gesetze, die für alle Gemeinden gelten, während andere Länder es den Gemeinden ermöglichen, ihre eigenen Gemeindeordnungen zu erlassen, solange sie die nationalen Gesetze und Verfassungen respektieren.

Die Gemeindeordnung ist ein wichtiges Instrument, um die lokalen Interessen und Bedürfnisse der Bürgerinnen und Bürger angemessen zu vertreten und zu berücksichtigen. Sie ermöglicht es den Kommunen, ihre eigenen Angelegenheiten selbständig zu regeln und die lokalen Herausforderungen und Chancen in angemessener Weise anzugehen. Dies trägt dazu bei, die Demokratie auf lokaler Ebene zu stärken und eine effiziente und bürgernahe Verwaltung zu gewährleisten.

Wie entsteht eine Gemeindeordnung (GO) und wer überwacht sie

Die Entstehung einer Gemeindeordnung hängt vom jeweiligen rechtlichen Rahmen eines Landes oder Staates ab. In den meisten Fällen wird die Gemeindeordnung von den politischen Vertretern der Gemeinde erarbeitet und verabschiedet. Der genaue Prozess kann jedoch variieren.

Erarbeitung: In der Regel ist es die Aufgabe der Gemeindevertreter oder des Gemeinderats, eine Gemeindeordnung zu erarbeiten. Dies kann von einer eigens dafür eingesetzten Arbeitsgruppe oder einem Ausschuss übernommen werden.

Öffentliche Beteiligung: Es ist üblich, dass die Bürgerinnen und Bürger der Gemeinde an diesem Prozess beteiligt werden. Es können öffentliche Diskussionen, Anhörungen oder Umfragen stattfinden, um die Meinungen und Bedürfnisse der Einwohnerinnen und Einwohner zu berücksichtigen.

Beratung: Die Gemeindeordnung wird in mehreren Lesungen und Beratungen vom Gemeinderat oder einem ähnlichen legislativen Organ diskutiert und möglicherweise geändert.

Verabschiedung: Nachdem die Gemeindeordnung alle notwendigen Schritte durchlaufen hat, wird sie vom Gemeinderat oder einer anderen zuständigen Behörde offiziell verabschiedet.

Die Gemeindeordnung unterliegt einer rechtlichen Überwachung durch die höheren Ebenen der Verwaltung, in der Regel durch staatliche oder regionale Regierungen. Diese höheren Ebenen prüfen, ob die Gemeindeordnung mit den übergeordneten Gesetzen und der Verfassung des Landes übereinstimmt.

Dies dient dazu, sicherzustellen, dass die Gemeindeordnung nicht im Widerspruch zu anderen Gesetzen steht und dass die Gemeinde ihre Befugnisse nicht überschreitet.

Darüber hinaus überwachen kommunale Aufsichtsbehörden, die von der Regierung eingesetzt werden, die Einhaltung der Gemeindeordnung. Sie prüfen, ob die Gemeinde ihre Aufgaben gemäß dem festgelegten Regeln erfüllt und ob ihre Entscheidungen und Handlungen den rechtlichen Rahmenbedingungen entsprechen.

Im Allgemeinen ist die Idee der Überwachung, sicherzustellen, dass die Gemeindeordnung ordnungsgemäß und im besten Interesse der Bürgerinnen und Bürger angewendet wird, während gleichzeitig die Autonomie und Selbstverwaltung der Gemeinde respektiert wird.

Kommunalpolitik im Fokus

„Gestalten, Verändern, Mitwirken"

Auflage 2023

Autoren-Information Lothar Herbst
Webdesigner, Redakteur, Buchautor und Fotograf von:

Online:

Lothar Herbst	https://lothar-herbst.de
Dinslaken, meine Stadt	https://dinslaken-meine-stadt.de
Wesel, meine Stadt	https://wesel-meine-stadt.de

Bücher: BoD-Verlag

Dinslaken anno dazumal	ISBN: 978-3-7528-2001-0
Dinslaken am Niederrhein	ISBN: 978-3-7226-2832-6
Kids & Bits	ISBN: 978-3-7431-6312-6
Morgen kann ich auch Computer	ISBN: 978-3-7460-7757-4
Allgemeine Elektrokunde	ISBN: 978-3-7557-3461-1
Kosmische Welten	ISBN: 978-3-7347-2395-7